ANGEL dogs

anjos de quatro patas

Todos os direitos reservados à editora.

Publicado por Giz Editorial e Livraria Ltda.

Rua Capitão Rabelo, 232
Jd. São Paulo – São Paulo – SP – 02039-010
Website: www.gizeditorial.com.br
E-mail: giz@gizeditorial.com.br
Tel/Fax: (11) 3333-3059

Allen & Linda Anderson

ANGEL dogs
anjos de quatro patas

São Paulo, 2014

© 2005 Allen e Linda Anderson
© 2008 Giz Editorial e Livraria Ltda.

Publicado originalmente em inglês por New World Library, Califórnia em 2005
Título Original em Inglês: Angel dogs : divine messengers of love

Coordenação Editorial: Simone Mateus
Assistende Editorial: Taciani Ody
Tradução: Marcelo Barbão
Revisão: Sandra Garcia Cortés
Capa: Rafael Victor
Impressão: Gráfica Vida & Consciência

Dados Internacionais de Catalogação na Publicação (CIP)
(Câmara Brasileira do Livro, SP, Brasil)

Anderson, Allen
  Angel dogs : anjos de quatro patas / Allen & Linda Anderson ;
[tradução Marcelo Barbão]. – São Paulo : Giz Editorial, 2008.

Título original: Angel dogs : divine messengers of love.
ISBN 978-85-7855-241-1

1. Cães - Anedotas 2. Cães - Aspectos religiosos - Anedotas 3. Donos
de cães - Anedotas 4. Relações homem-animal - Anedotas I. Anderson,
Linda C. II. Título.

08-01524   CDD-636.7

Índice para Catálogo Sistemático
1. Cães : Relações com o dono : Animais domésticos   636.7

É PROIBIDA A REPRODUÇÃO

Nenhuma parte desta obra poderá ser reproduzida, copiada, transcrita ou mesmo transmitida por meios eletrônicos ou gravações, assim como traduzida, sem a permissão, por escrito, do autor. Os infratores serão punidos pela Lei n° 9.610/98

Impresso no Brasil / Printed in Brazil

Sumário

Prefácio 7

Introdução. Cães são guias espirituais 11

Capítulo Um. Você já sentiu lealdade e amizade
de um Cão Mensageiro Divino? 23
Cabo J. R. Dugan honra um soldado morto 27
Um anjo na noite 31
Prisioneiros no Condado de Lee dão vida a cães no corredor da morte 36
Post Script de Hershey 46
O amor de um filhote me preparou para a maternidade 49
A mensagem espiritual de Temujin 52
Casey: um guerreiro do coração traz amor a uma casa de repouso 56
Eles ainda estão passeando 59
Pergunte a Taylor 64

Capítulo Dois. E se os heróis tiverem quatro patas e pêlos? 65
Tequila, o cão casamenteiro que salvou uma família 69
Poni enfrenta uma cascavel venenosa 75
O filhote que não era de ninguém 78
Gracie, nossa cadela anfitriã 80
Bonnie, nossa heroína do dia-a-dia 83
Pergunte a Taylor 88

Capítulo três. Você consegue sentir a felicidade
num rabo que balança? 89
Se os cães fossem nossos professores 92
Pinkey 94
O incidente no lago Isabella 97
O cão meleca 101

Uma solução carinhosa para um problema difícil 104
Sierra, o cão que me ensinou a aproveitar a vida 106
Mostrando o caminho 109
Dia do cão 113
Taylor nos ensina a brincar 116
Pergunte a Taylor 120

Capítulo Quatro. Os cães são prescrições divinas para uma saúde melhor? 121

Haley, a cadela anjo que me ajudou a enfrentar o câncer 125
Mais sobre Haley 130
Um anjo à espera 134
Como um cão congelado esquentou nossos corações 137
O abajur da fé de Joshua B. Dawg 140
A conexão de Shep com Andy 145
Wanda, anjo e terapeuta 149
Pergunte a Taylor 153

Capítulo cinco. Os cães encontraram as portas do Céu? 155

Visita noturna 158
Delilah, minha gigante gentil 162
A última visita de Sheba 166
Nossos namorados invisíveis 169
Meu cão e eu compartilhamos um sonho 176
Typo, o cão que não comete um erro 179
Pergunte a Taylor 184

Colaboradores e fotógrafos 187

Sobre Allen e Linda Anderson 195

Prefácio

Aposto que cada um de vocês já imaginou como seria um anjo. Como ele seria? É sempre aquele ser divino do cabelo loiro e encaracolado? Anjos realizam desejos e sonhos? Anjos realmente existem? Eles têm asas? Eles voam? Vivem nas nuvens? Hum... como seria mesmo um anjo? Quem realmente parou para pensar? Quem não pensou o faça alguns minutinhos antes de ler o próximo parágrafo.

Hum... pensou? Será que acertou? Pense mais um pouco!

Aqui nossos anjos não são como muitos idealizam. Nossos anjos são diferentes, mas muito conhecidos de todos nós. São anjos com pêlos (muitos pêlos), olhos atentos, uma cauda a abanar e um latido inconfundível! Um cão? Não! Um anjo! Um anjo de quatro patas! Por vezes, ele pode ter três patinhas também. Por que não? E o mais extraordinário: podem estar do seu lado, vivem no nosso planeta Terra, e não estão tão distantes, nas nuvens, como muitos acreditam!

Ao ler esse livro, você adentrará no mundo dos nossos anjos. Anjos de quatro patas com suas asas celestiais e ocultas a bater sem parar, anjos que voam em silêncio, e conseguem se dedicar, salvar e amar seres que também não são de sua espécie. Anjos enviados por um ser superior para nos proporcionar maravilhas, que somente descobrimos com eles mesmos.

Nesse livro, você conhecerá histórias reais e emocionantes, e se ainda não tem um cão, para protegê-lo como um anjo, com certeza adotará um. Iria perder essa oportunidade de viver com um anjo? Eu, por exemplo, tenho três deles! E se pudesse... ha... se pudesse... teria mais. Eu teria uma legião deles. Quantas alegrias eles me proporcionaram e ainda proporcionam! Teria que escrever um outro livro para contar tudo!

Esse livro contagia, maravilha e faz entendermos o exato, o real significado de uma palavra tão pequena e tão intensa: amor. Amor incondicional, amor verdadeiro, amor eterno. E também uma outra palavra: gratidão!

Quer ter um amigo? Quer ser feliz? Quer aprender? Quer ter um amor incondicional por muito tempo? A resposta está nessas histórias.

Mas não pense que você o escolherá. Quando você simplesmente decidir adotar um cãozinho, fique tranqüilo, pois ele achará você. E você saberá disto quando ele olhar para você.

Quem ler esse livro, não será mais o mesmo. Histórias e lições de vida vividas por esses anjos que com suas asas, insistem em voar para nos proporcionar alegria, carinho, gratidão, conforto e... amor!!!

É muito bom ser confortado(a), se sentir amado(a) e lindo(a) mesmo com o cabelo em pé, do jeitinho que você é. E somente um cão te enxerga assim. Te enxerga além, muito além do seu olhar, do seu físico! Eles te enxergam com os olhos do coração, com os olhos da alma! Com os olhos do amor!

Bem-vindos a embarcar nesse sonho real! Se preparem para ler, entender e vivenciar a vida desses anjos, e não se assustem, se porventura, sentirem o bater dessas asas pertinho de você. Pode sim ser um anjinho, esperando ansioso que você o acolha! Pense nisso! Não perca a chance de ler esse livro, e claro, de adotar um anjo para sua vida!

> *"Anjos realizam desejos e sonhos, basta que você acredite neles: nos anjos, nos desejos e nos sonhos."*

Cláudia Lubrano de Castro
Autora dos livros: "Diário de Um Cão" e "Além do Seu Olhar"
Participante dos Livros "Animais, Amigos e Importantes 1 e 2
Ex-Apresentadora do Programa "Vida de Protetor"
Colunista do Site do Late Show
Deu várias entrevistas na mídia (rádio, TV, jornais e revistas)
Toda renda do seu primeiro livro é revertida aos animais

Introdução

Cães são guias espirituais

> *"Naquele momento, eu precisava aprender muito — sobre como me conectar e encerrar etapas e segurança — e algo bem lá no fundo murmurou: um cão, você precisa de um cão, e tive sorte ou fui humilde, e ouvi".*
>
> Caroline Knapp, Pack of Two: The Intricate Bond Between People and Dogs.

Quatro patas tocam levemente o chão perto de dois pés quando um cachorro e um humano saem para passear. Nenhuma relação entre pessoas e animais é tão complexa quanto aquela representada pelo simples ato de um humano levar um cão para passear.

A pessoa olha para um céu azul sem nuvens iluminado por um sol forte, para a variedade de casas pelo caminho, para um vizinho que passa. A pessoa que passeia com o cão junta pedaços do que o cérebro humano absorve e usa a linguagem para compor pensamentos efêmeros e transformá-los em uma história: *parece que vai ser um dia quente. Espero estar com protetor solar suficiente. É melhor meu vizinho molhar suas plantas. Será que estou tão fora de forma como ela?*

O cachorro, com seus duzentos milhões de receptores de cheiro, enquanto o homem tem cinco milhões, fareja o chão, inspeciona folhas caídas e ramos, encontra o cheiro de outros cães e as solas dos sapatos humanos e, às vezes, sente a aproximação de outro cachorro. Todos os odores passam pelas suas membranas de cheiro e são catalogados por um cérebro no qual cada cheiro conta uma história. O cérebro do cachorro zumbe com o assalto de impressões olfativas, visuais e auditivas. Sem o benefício da linguagem humana, é claro, o cão pensa: *esse é um cachorro que nunca encontrei antes. Aquela mulher carrega coisas gostosas no bolso e vai me dar uma se meu humano parar para conversar com ela. Foi aqui que urinei a última vez. Geralmente atravessamos a rua naquela esquina. Uma sirene está se aproximando.*

Tão diversa como podem ser suas visões de mundo, humanos e cachorros têm uma das amizades mais estáveis e duradouras. Stanley Coren, em A inteligência dos cães, escreve: "Mais impressionante são os dados de pesquisas científicas recentes feitas pelo projeto genoma de cães. Ewen Kirkness, do Instituto para Pesquisa Genômica em Rockville, Maryland, e sua equipe de pesquisadores compararam o DNA de um poodle com o de um humano. O que eles descobriram foi que havia mais de 75% de coincidência entre os códigos genéticos humanos e caninos"[1].

Assim, apesar de as duas espécies terem muito em comum, elas também se complementam ao visualizarem e experimentarem a vida de forma muito diferente. Elas usam as habilidades e inabilidades uma da outra para resolver os problemas e crescer no planeta. Não é casualidade que cães e humanos precisavam se encontrar. Quando isso aconteceu, as duas espécies se tornaram inseparáveis.

---

1. Stanley Coren, A inteligência dos cães (Ediouro), pp.5-6.

Como os humanos se juntaram a seus melhores amigos

Estudos publicados na revista *Science* pela biologista Jennifer Leonard, do Museu Nacional de História Natural do Smithsonian em Washington, analisaram DNA mitocondrial (mtDNA), transmitidos somente por uma linha matriarcal. Leonard descobriu: "A transição de lobo para cão aconteceu exclusivamente nas terras eurasianas. Quando os primeiros humanos cruzaram para a América do Norte vindos da Ásia oriental, trouxeram os cães domesticados com eles"[2]. Peter Savolainen do Instituto Real de Tecnologia de Estocolmo, Suécia, pesquisou a quantidade de variações de mtDNA dentro da populações caninas e comparou o mtDNA de cães e lobos. Savolainen estima que a separação genética entre as duas espécies "começou há uns 15.000 anos, se três famílias de lobos estavam envolvidas no processo, ou 40.000, se todo o processo começou em uma única família".

Como autores deste livro de histórias inspiradoras verdadeiras, não estamos afirmando ser historiadores de cães, mas descobrimos um website maravilhoso, AustralianMedia.com, que tem uma página, "História dos Cães", que junta muita informação mostrando como as atitudes em relação aos cães ao longo do tempo mudaram de utilitária para adulatória. Aqui mostramos alguns fatos interessantes do site.

Durante a Idade da Pedra, cães domados ajudavam os humanos a caçar. Os antigos egípcios tinham cachorros de estimação que chamavam de saluki, que vem da palavra árabe que significa "nobre". Acredita-se que galgos, dálmatas e mastins estejam entre as raças mais antigas; eram usados na caçada e na guerra. A mitologia grega presta homenagem a Cérbero, um cão de três cabeças que

---

2. Jennifer Leonard, citada em Michael D. Lemonick, "The Mother of all dogs", *Time*, 2 de Dezembro de 2002, pp.78-80.

guardava a entrada do Hades. Os Maias pensavam que Nahua Xolotl, o cão dos raios, anunciava a chegada da morte.

Na Idade Média, os cães eram símbolo de *status*. A quantidade de cães e a variedade de raças que uma pessoa tinha eram medidas da prosperidade. Reis, nobres e membros da Igreja desenvolviam raças puras para caçadas e esportes.

As culturas hebraica e muçulmana usavam cachorros para ajudar os pastores com seus rebanhos, mas consideravam-nos sujos. Do outro lado do espectro, durante o Império Romano, as pessoas começaram a ter cães como bichos de estimação, e eles foram homenageados em esculturas e retratos como membros da família.

Nas cortes imperiais do Extremo Oriente, os cães eram tão estimados que tinham seus próprios servos humanos, que cuidavam de todas as suas necessidades. O terrier tibetano não podia ser comprado ou vendido, mas era considerado valioso por causa da crença de que essa raça trazia sorte.

Na Europa vitoriana, os cachorros pequenos se tornaram populares entre as damas da corte, e o dogue alemão e os mastins eram ornamentados com colares pontudos e partes de armaduras para acompanhar os soldados até a batalha. Enquanto isso, na América, os cães acompanhavam os paroquianos às missas e serviam para esquentar os pés dos humanos enquanto estes rezavam e ouviam os sermões.

De acordo com Brad Zellar, em sua análise sobre o livro A Dog's History of America, de Mark Derr: "Os cães, na verdade, serviram e continuam a servir, em todos os campos imagináveis; foram guardas, escoteiros, caçadores, pastores, gladiadores e bestas de carga. Foram para a guerra, para o espaço e para os confins da terra; estrelaram filmes, foram reconhecidos como heróis, morreram em mesas de vivissecção e ajudaram presidentes e pobres miseráveis (e alguns presidentes que eram pobres miseráveis) por vários séculos. Até os dias de hoje, os cães são uma presença visível trabalhando com a polícia, na segurança de aeroportos, hospitais e na cultura popular".

Talvez uma das associações mais fascinantes e próximas tenha sido entre os indígenas americanos e os cachorros. O site da PetPlace Veterinarians, na página intitulada "A História dos cães e dos indígenas", explica o lugar de reverência que os cães possuem na cultura indígena. O site conta que os indígenas acreditam que os cães escolheram tornarem-se amigos dos humanos. Há 12 mil anos, a população de lobos começou a passar mais tempo com as pessoas. Alguns lobos eram mais brincalhões e sociáveis do que outros. A manada de lobos, um grupo estruturado pouco disposto a tolerar brincadeiras entre seus membros, rejeitava os irmãos com personalidades amigáveis. Esses lobos começaram a gravitar ao redor dos campos indígenas, procurando líderes e uma manada com hierarquia. Os indígenas aceitaram os doces cães, começaram a usá-los como caçadores e protetores, e acabaram adotando-os como membros da família, dando-lhes até nomes. "Quando os nativos deixavam suas casas para caçar, iam sabendo que os cães protegeriam as mulheres, filhos e até os víveres. Se alguém se perdia, o forte sentido do olfato era usado para procurar e encontrar a pessoa perdida. A valentia, coragem e lealdade do cachorro selaram um lugar nos anais da vida tribal americana... As tribos reverenciavam os cães e os incluíam nas cerimônias religiosas, acreditando que eles ajudavam as pessoas a navegar para a vida após a morte".

Uma das histórias mais fascinantes do folclore indígena é a lenda dos Ojibwe ou Chippewa, uma tribo de índios de língua algonquiana, que vivia perto dos Grandes Lagos. O site Samoyed.org compartilha essa história passada de geração em geração, que recontamos abaixo.

De acordo com a lenda, dois Ojibwe, perdidos e famintos, pararam a canoa em um lugar desconhecido na beira do rio. Quando desceram na terra, viram as pegadas de um gigante. Logo depois, o maior homem que já tinham visto na vida veio até eles. Ficaram com medo, mas o gigante se mostrou gentil e convidou os Ojibwe a ir para a casa dele. Os dois Ojibwe estavam mais com fome do que com medo, então aceitaram o convite.

Mais tarde naquela mesma noite, um Windigo, um espírito mau, veio até a casa do gigante. O Windigo não parecia maldoso no começo. Mas, depois de andar por ali, ele chamou o gigante de lado e disse:
— Quero esses dois Ojibwe. Vou comê-los.
Quando o gigante se recusou a entregar os dois, o Windigo foi embora com raiva. Mas ele acidentalmente virou uma grande vasilha no chão da casa do gigante. Embaixo da vasilha havia um animal que se parecia com um lobo. O gigante falou para o Windigo:
— Esse é Cachorro — e falou para Cachorro matar o Windigo.
Ao ouvir o comando do gigante, Cachorro cresceu e ficou feroz. Ele pulou em cima do Windigo e o matou. Os Ojibwe não acreditaram em seus olhos. Quando o gigante viu como eles tinham ficado impressionados, mandou o Cachorro ir com eles, como um presente.
Na beira do rio, na manhã seguinte, Cachorro ficou grande como um cavalo. Os Ojibwe subiram em suas costas. O gigante deu adeus. O Cachorro entrou na água e começou a nadar, levando os homens nas costas.
Quando os Ojibwe perdidos chegaram a um lugar conhecido, o Cachorro ficou pequeno de novo. Então eles nadaram o resto do caminho, com o Cachorro nadando atrás deles. Ele os seguiu até a tribo, desaparecendo depois na floresta.
A tribo ficou feliz de ver os irmãos perdidos. Mas ninguém acreditava na história do estranho animal chamado Cachorro.
Uns dias depois, Cachorro veio trotando da floresta. Os homens que ele salvara retribuíram o favor, alimentando-o. Então Cachorro decidiu ficar com eles a partir desse dia. E, é claro, todos ficaram felizes ao saber que tal criatura, corajosa e gentil, seria agora parte da família tribal. Foi assim que o cachorro chegou à terra.
Nos tempos modernos, parece que as lendas e mitos sobre as origens dos cães e sua relação com o ser humano cresceram e se multiplicaram. Os cães ajudam as crianças a aprender a ler através

do programa *Paws to Read* em Pleasanton, Califórnia. Eles ajudam pessoas com problemas de visão e audição, com deficiências físicas e mentais. Cães de busca, cães médicos e até aqueles que farejam câncer — que são capazes de detectar a doença em seres humanos e em espécimes de laboratório — salvam vidas diariamente. Não é de admirar que milhões concluíram que os cães vieram à terra como um presente de outro mundo.

As vidas emocionais e espirituais dos cães

Nós convivemos com cães a maior parte das nossas vidas. Também é nosso privilégio colecionar milhares de histórias verdadeiras de pessoas que escrevem sobre os efeitos positivos que os cachorros têm em suas vidas. Nesses anos, conseguimos publicar essas histórias na nossa série de livros e *newsletters*, além do site da Rede de Animais Anjos. Depois de revisar as histórias que as pessoas nos enviaram sobre suas experiências com cachorros, concluímos que há dois aspectos nos quais as vidas dos cachorros e dos humanos interagem com grande similaridade e regularidade: o *emocional* e o *espiritual*.

Os cães agem como barômetros confiáveis da emoção humana. O Irmão Christopher, do Monastério de New Skete, em Cambridge, Nova York, é um autor que cria pastores alemães. Ele afirma: "O mais interessante é que relacionar-se com um cachorro ajuda a conhecer-nos melhor. Um cachorro é inocente e completamente honesto. Ele se transforma em um espelho que nos reflete de volta, se prestarmos atenção".

Muito já foi escrito sobre as emoções dos cães. Mesmo estudos científicos rígidos tiveram que admitir que cães experimentam a emoção do medo. Mas pessoas que realmente convivem com cães, em vez de estudá-los em ambientes artificiais, sabem que os cachorros exibem um amplo leque de emoções: prazer, tristeza, raiva, regozijo, otimismo, antecipação, apego e satisfação, entre outros. Joseph Wood Krutch escreve sobre a intensidade da emoção que os animais sentem: "É difícil entender como alguém pode negar que o cão, diante da perspectiva de dar uma volta... está experimentando o prazer com uma intensidade que está além do nosso poder de imaginar, muito menos compartilhar. Da mesma forma, sua tristeza também parece ser infinita".

O que é menos freqüentemente discutido, provavelmente por causa da pressão dos céticos que se preocupam com sentimentalismo meloso e o "pecado" do antropomorfismo, é a natureza espiritual dos cães. Além disso, certos dogmas religiosos não permitem que os animais tenham almas ou uma natureza espiritual. Ainda assim, as histórias que você vai ler foram escritas por várias pessoas que podem ter começado com dúvidas, mas que acabaram constatando que os cães exibem qualidades espirituais em abundância. Cães podem ser sábios, compassivos, leais, corajosos, capazes de auto-sacrifício e altruístas. Acima de tudo, eles são capazes de mostrar um amor puro e incondicional.

Muito dos narradores neste livro também tiveram a experiência de cães agindo como mensageiros divinos. Nós usamos a palavra anjo quando descrevemos os cães, não para dizer que todo cachorro sempre se comporta de uma forma angelical, como tradicionalmente a conhecemos. A palavra *anjo* deriva da palavra grega *angelos*, que significa "mensageiro". E como você irá ver, os cães servem realmente como mensageiros do Espírito.

Os cachorros trazem essas mensagens aos humanos: *Você é amado. Você não está sozinho. Você é protegido e guiado por um poder divino superior.* Cães entregam mensagens como: *Quando estiver sozinho, cansado, esmagado pelas questões da vida, eu estou aqui.* As pessoas que sofrem geralmente não conseguem ouvir a voz de Deus sussurrando conforto e esperança. Então Deus envia um mensageiro com uma cara peluda, rabo balançando, língua babando e um coração generoso. Aqueles que conseguem aceitar esse presente aprendem que o amor é um dos professores mais inteligentes da vida.

A missão desse livro é abrir seu coração para que possa reconhecer e receber as bênçãos do Espírito, mesmo que elas cheguem acompanhadas por um latido.

O caso de amor com os cães

Aparentemente, muita gente entende que os cães trazem presentes especiais para a vida daqueles que os aceitam. De acordo com a Associação Americana de Fabricantes de Produtos para Animais Domésticos, uma pesquisa feita entre 2003-04 revelou que 64,2 milhões de lares dos EUA tinham pelo menos um bicho de estimação. Sessenta e cinco milhões desses membros da família são cachorros. Essas famílias gastam 31 bilhões de dólares em cuidados, alimentação, mimos e no prazer de ter animais em casa. E a necessidade dessa companhia não pára nos passeios de carro com os bichinhos. Um artigo publicado no jornal USA Weekend, "Lojas em caça: comerciantes ganham cachorros, deixando-os entrar", mostra uma variedade de formas que os comerciantes estão usando para conquistar pessoas que adoram cães e odeiam separar-se deles. As pessoas no subúrbio de Las Vegas podem levar seus cães a uma loja chamada District at Green Valley Ranch, onde os cães podem andar entre os móveis. Na loja Saks Fifth Avenue em Phoenix, biscoitos para cachorro são mantidos na caixa registradora e a loja organiza um chá humano-canino. As lo-

A cadela Brittany ajuda a autora a dar autógrafos.

jas Bal Harbour, nas proximidades de Miami, oferecem vasilhas de água da marca Dolce & Gabbana. O shopping center Stony Point Fashion Park, em Richmond, Virgínia, possui estações para descanso de cães, com sacolas plásticas para coletar o cocô. No Aspen Grove Lifestyle Center, perto de Denver, os comerciantes viram um aumento de 13% nas vendas depois que começaram a convidar as pessoas a fazer compras levando seus cachorros. E, é claro, Nova York é o paraíso na terra para 20 milhões de cães, com suas lojas que vendem comida, suprimentos e coleiras com jóias para cães, além da proliferação de parques, pistas de corrida, restaurantes, padarias, babás e academias de ginástica, tudo para cães. Nosso próprio caso de amor com cães aumentou bastante quando encontramos a Brittany, cadelinha de Teresa e Don Madak em um evento de livros na cidade de Atlanta. Brittany sentou no colo de Linda e parecia querer colocar seu próprio autógrafo nos livros.

Nosso Cão Anjo

Convidamos você a participar da nossa família de cães e humanos, para celebrar o mistério, a iluminação, a felicidade pura da conexão espiritual humana-canina. Nossa cadela, Taylor, filhote de labrador amarelo com energia inesgotável, um sorriso bobo e a doçura de um dia de primavera em Minnesota, nos ajudou muito a escrever e editar este livro. Ela vive, no geral, de forma pacífica conosco e dois gatos, Cuddles e Speedy, além de Sunshine, uma cacatua.

Como Taylor é obrigada a negociar com seus irmãos e irmãs que possuem garras retráteis, capacidade de pular e voar, além de um bico bem duro, pedimos que ela compartilhasse sua sabedoria sobre a vida. Ela oferece uma coluna de conselhos, "Pergunte à Taylor", no final de cada capítulo deste livro.

Sobre este livro

Os colaboradores de Cães, Anjos de Quatro Patas vieram de vários caminhos da vida e de diferentes partes do mundo. Leia mais sobre eles na seção "Colaboradores", que inclui as biografias. Muitas das histórias aqui ganharam o Prêmio Anjos de Quatro Patas, que nós patrocinamos antes de terminar este manuscrito. Outras histórias vieram de pessoas que estão entre os vinte mil leitores em quarenta países do "História da Semana dos Animais Anjos", nossa newsletter online gratuita (www.angelanimals.net), que oferece uma mensagem semanal de inspiração vinda do reino animal.

Taylor, quando filhote

As histórias em *Cães, Anjos de Quatro Patas* mostram o espectro das relações entre humanos e animais dessa vida até a vida após a morte. São relatos de incríveis cães heróis, outros com capacidade para curar e companheiros amorosos e leais.

Enquanto você lê essas histórias e as meditações que as seguem, reflita sobre os Anjos de Quatro Patas que agraciaram a sua própria vida. Eles ainda estão com você, em espírito ou em corpos físicos, amando-o da forma que só um cão pode amar.

No primeiro capítulo, você vai encontrar:

- O cachorro de um marinheiro que não permite que o soldado morto seja esquecido
- Um cão recém-adotado que insiste em proteger uma criança
- Um cachorro na prisão que transformou um prisioneiro surdo em um homem com compaixão e paciência

- Um cão que preparou uma DJ de rádio famosa de Atlanta para ser mãe
- Um mastim com uma mensagem espiritual profunda, vindo do coração do deserto
- O cachorro que escolheu ajudar pessoas da Terceira Idade como missão de vida
- O cão cujo amor e amizade ficaram imortalizados em uma canção *country*
- E, é claro, Taylor, que compartilha sua sabedoria sobre por que os cães são leais.

É nosso mais profundo desejo que você leia, relaxe, desfrute e seja inspirado pela esperança que os mensageiros caninos divinos trazem para este mundo.

CAPÍTULO UM

Você já sentiu lealdade e amizade de um Cão Mensageiro Divino?

> "Às vezes, os animais parecem ter sido colocados na terra para um objetivo específico de nos cuidar e ajudar. São forças poderosas do bem".
>
> Kristin von Kreisler, A bondade nos animais.

Depois dos eventos de 11 de setembro de 2001, Jon Stewart, apresentador e comediante do programa The Daily Show, ficou arrasado, como a maior parte do mundo. Sua forma de lidar com a tragédia foi a mesma de milhões de pessoas: adotou um filhote.

Enquanto os EUA cambaleavam depois do atentando, com a perda de vidas e o sentimento de vulnerabilidade dentro das próprias fronteiras, ocorria uma infeliz reação violenta dirigida a pessoas com ascendência árabe ou de religião muçulmana em alguns lugares. Ahmed Tharwat é um dos apresentadores e produtores de *Belahdan*, um programa de entrevistas árabe-americano na TV pública, Canal 17, em Minneapolis. Poucos meses depois de 11/9, a filha de Ahmed o convenceu a adotar um filhote de beagle. Mais tarde, ele escreveu uma carta ao editor do jornal *Minneapolis Star*

Tribune sobre os passeios com o filhote e os efeitos que o cãozinho produzia nas pessoas ao redor. "Estranhos que costumavam evitar olhar-me nos olhos agora querem conversar comigo. Pessoas patriotas, normalmente preocupadas com células muçulmanas e terrorismo, agora fazem perguntas cordiais sobre os hábitos do cachorro, a raça e os seus grandes olhos negros. O interesse das pessoas sofreu uma reviravolta abençoada. O comportamento delas era acolhedor — famílias se juntavam ao meu redor para ver o lindo filhote. Para mim, um único cão acalmou toda a América. Ele conseguiu fazer o que anos de discursos sobre diversidade não tinham conseguido. Independentemente da nossa raça ou país de origem, transformamo-nos em uma comunidade de amantes de cachorro".

A amizade e lealdade dos cães ajudam os seres humanos a atravessar qualquer mudança ou curvas abruptas da vida. Isso porque os cães são fantásticos dissipadores de estresse. Em um estudo feito com 240 casais, realizado por Karen Allen, da Universidade Estadual de Nova York em Buffalo, quando as pessoas eram testadas realizando atividades estressantes junto com seus bichos de estimação, elas se saíam melhor do que quando estavam sozinhas ou com um amigo ou marido/esposa.

Os cães têm uma enorme capacidade de ajudar pessoas a esquecer suas preocupações e ansiedades. A razão é realmente muito simples: os cães são bons amigos; sua lealdade é inabalável. Talvez seja por isso que 80% das pessoas pesquisadas em um estudo feito pela Associação de Hospitais Veterinários dos EUA selecionaram companhia como a principal razão para ter um animal de estimação.

Os cães se tornaram importantes no dia-a-dia e no bem-estar emocional de milhões. Como sociedade, aceitamos a obrigação de preservar e proteger essa relação benéfica. Hoje, as pessoas entram na justiça para garantir os direitos dos animais. Há divórcios onde as pessoas disputam a custódia do cachorro. Não é anormal gastar-se muito dinheiro em operações e outros procedimentos para aliviar o sofrimento e prolongar a vida dos animais debilitados ou velhos. Os cães, nos dias de hoje, são membros completos da família e, quando eles tomam conta de nossos corações e lares com seus modos simpáticos, nós concedemos direitos e privilégios (bem como roupas e jóias) que costumavam pertencer somente a seres humanos.

Tratar um cachorro como ser humano tem um lado bom e outro ruim. O positivo é que o tratamento humano em relação aos cachorros e outros animais nos faz melhorar como pessoas, já que todos ficamos mais conscientes de que os animais pensam, têm sentimentos e até propósitos divinos. O lado ruim é que, às vezes, é prejudicial para o animal ser transformado em ser humano. O lado canino é obscurecido ou perdido. Quando as linhas se confundem, as diferenças que tornaram a relação humanos–cães complementar e valiosa por tanto tempo começam a desaparecer.

A inclinação moderna é esquecer que os cães, adoráveis e capazes de atuar além do instinto, são, podem e devem voltar ao instintivo. A tendência de transformar cachorros em protetores e defensores inquestionáveis ignora outros aspectos de sua natureza. Assim como os humanos não são todos iguais, os cães também têm diferenças. Como os humanos se comportam mal às vezes, os cães também.

Por exemplo, seria tentador, principalmente depois de ler as histórias nesse livro de cães salvando vidas de crianças e bebês, achar que seu cão é a babá ideal. Mas cada cachorro é único. Algumas raças tendem a pastorear e podem ajudar de forma natural a manter as crianças longe do perigo. Outras raças podem ser mais agressivas. E não importa a raça, alguns cães podem ter sido submetidos a abusos que marcaram suas emoções e personalidades, deixando-os ansiosos, nervosos ou abertamente agressivos. Isso pode significar que em um momento de crise ou se algo desperta o instinto de ataque do cachorro, uma criança (ou adulto) que esteja perto poderá correr perigo.

Um momento de preocupação é quando as crianças estão se balançando. O movimento para frente e para trás pode enviar um impulso para o cão perseguir uma presa. Catherine Mills, uma treinadora de cães da Carolina do Norte, e John C. Wright, um estudioso do comportamento de animais na Universidade de Mercer, dizem que "animais de estimação devem ser condicionados a ignorar balanços antes que um bebê seja colocado em cima dele". Como em qualquer relação, com animais ou humanos, é importante usar o bom senso e sempre manter um olho na situação. E, é claro, tomar cuidado ao deixar um bebê ou uma criança pequena sozinha, mesmo com o animal da família.

Dito isso, a maioria dos cães são incrivelmente perceptivos, complacentes e leais. Também são mestres do perdão. Nas histórias a seguir, perceba a quantidade de vezes que os cães foram sacrificados por causa de abrigos de animais lotados e seres humanos irresponsáveis que os abandonam. Quando são salvos, eles não sentem rancor pela humanidade, pelo contrário, tornam-se os melhores amigos das pessoas.

Neste capítulo, você vai conhecer cães que foram muito além do que os seres humanos podem e querem oferecer um ao outro em termos de amizade e lealdade. Esperamos que estas histórias façam que todos se lembrem do complemento que os cães trouxeram para suas vidas e das mensagens de amor incondicional que deixaram marcadas em seus corações.

Cabo J. R. Dugan honra um soldado morto

Charles Patrick Dugan
Del Rio, Texas

Eu dei o nome de Cabo J. R. Dugan, USMC 216458 para o meu cachorro, um Jack Russell Terrier com 10 quilos de puro músculo. Combinei as iniciais de sua raça, Jack Russell (J.R.) com meu número nos Marines porque esse cachorro tem um coração de leão. Eu o chamo de Cabo J. R. Dugan ou Cabo J. R. Ele é tricolor com uma mancha marrom clara sobre um dos olhos, o que o faz parecer um pirata. Cabo J. R. é destemido e o cão mais inteligente que já tive. Ele parece um pequeno coração batendo aos meus pés.

Como membro da infantaria dos Marines, sobrevivente de combates pesados na guerra do Vietnã, sempre acreditei que é importante reconhecer a coragem e a valentia de cada homem e mulher que serviu as Forças Armadas. O que eu não tinha percebido até um dia de outubro de 2003 era que seria meu cachorro a demonstrar como é vital nunca esquecer daqueles que deram suas vidas para que outros pudessem viver.

O nosso lugar favorito para passear é o Cemitério Católico Sacred Heart, em Del Rio, Texas. Esse cemitério é um dos quatro localizados lado a lado: os católicos Saint Joseph's e Sacred Heart, o protestante Westlawn e o Maçom. J. R. e eu passávamos muitas horas andando pelos quatro cemitérios e desfrutando as árvores exuberantes e a abundante vida selvagem. Numerosas espécies de pássaros, cervos, coelhos e esquilos povoam esse oásis na área semi-desértica de Del Rio. J. R. e eu preferimos esses passeios pela natureza do que as caminhadas em pistas circulares.

Estávamos dando nosso passeio no final da tarde, que tinha começado como todas as outras caminhadas, com a exceção de uma bruma de chuva e um pouco de frio. Tinha estacionado minha SUV perto do jazigo de minha família e colocado uma pequena mochila nas costas. Sempre carrego água, uma vasilha para J. R., um kit de primeiros-socorros, um canivete suíço, um lanchinho para os dois, meu manual de identificação de pássaros e meus binóculos. Arrumei tudo isso, peguei meu bastão de caminhadas, a correia do J.R., e lá fomos nós em mais uma aventura.

O vento aumentou e ficou mais frio, então abotoei minha jaqueta e afundei o boné na cabeça. O Cabo J. R. adora o frio e andava feliz como se estivesse à frente de uma parada militar. Adoro vê-lo tão cheio de vida. As caminhadas são muito mais divertidas porque nós dois aprendemos a funcionar como uma equipe. Esse cão não perde nada. Em vez de latir, ele sempre dá um sinal de alerta olhando para mim quando vê algo se mexer. Depois que o Cabo J. R. detecta o movimento de um animal, posso parar e observá-lo com um binóculo.

Cabo J.R.

Nossas caminhadas pelos cemitérios são como uma máquina do tempo que nos leva de volta às origens da nossa comunidade. Passo por túmulos de velhos amigos da família, mentores, professores, pioneiros, vilões e pessoas que só são conhecidas por Deus. São caminhadas muito especiais, já que me dão tempo para refletir e apreciar todas as pessoas que me ajudaram a ser quem sou hoje.

Nessa tarde de outono, Cabo J. R. e eu tínhamos andado quase uma hora quando percebi que ele estava ficando cansado. Tinha parado para me mostrar sua língua comprida, um sinal de que queria água. Para nossa pausa, sempre escolho um pequeno banco para meditação no Cemitério Maçom, onde podemos desfrutar do nosso lanche merecido.

Por alguma razão, o Cabo J. R. não queria parar no lugar habitual naquela tarde. Em vez disso, ele parecia estar distraído e tentava me levar para um lugar diferente. Desisti e deixei que me guiasse. Parecia que ele estava em uma missão e ia direto para um outro banco que nunca tínhamos usado antes. Eu estava começando a ficar preocupado com esse comportamento. Hoje, ele parecia estar obcecado por chegar a um destino que só ele conhecia.

Quando chegamos ao banco, sentei-me e deixei a correia do Cabo J. R. bem solta. Ele começou a cavar um túmulo que tinha sido coberto por anos de sujeira, folhas e negligência. Fiquei olhando espantado, já que esse era o único túmulo que tinha visto ele cavar. Freneticamente, ele jogava terra para todos os lados. Fiquei preocupado, pensando se haveria algo embaixo das folhas que pudesse machucá-lo, então me levantei para controlá-lo.

Quando andava até ele, fiquei interessado quando vi que o Cabo J. R. tinha cavado um túmulo militar. Ele se virou e ficou me olhando como se pedisse ajuda. Fiquei de joelhos e comecei a limpar a sujeira e as folhas. Quando alcancei a superfície da pedra e minha mão limpou a última camada de poeira, Cabo J. R. parou. Rígido, ele olhava para a pedra. Meu olhar passou dele para o túmulo. Não conseguia respirar e meu coração martelava rápido enquanto lia a inscrição:

JACK A. RUSSELL
TEXAS
CABO DAS FORÇAS DE SINALIZAÇÃO
21 DE JULHO DE 1928 — 16 DE JULHO DE 1952

Fiquei sem palavras. Parecia que o tempo tinha congelado. Um calafrio subiu minha espinha. O Cabo J. R. tinha deitado a cabeça em cima das patas sobre a lápide do cabo Jack Russell, um soldado com o mesmo nome, que tinha sido morto na Guerra da Coréia. A situação do túmulo do soldado indicava que tinha sido um homem esquecido pelos amigos, familiares ou pessoas queridas. Mas, de alguma forma, o cabo Jack A. Russell tinha uma ligação com o meu cachorro. Cabo J. R. e eu nos sentamos por um bom tempo, em respeito a esse homem que tinha servido seu país e feito o sacrifício final na guerra.

Enquanto ficamos perto do túmulo do cabo Russell, tentei entender o que tinha acontecido. Foi impressionante ser parte de uma experiência que tinha nos unido em um breve momento no tempo e na eternidade.

Mais tarde, nós dois limpamos a lápide e o túmulo do cabo Jack A. Russell, deixando-o visível e trazendo-o de volta ao mundo. Continuo a me maravilhar com o dia em que um cãozinho prestou homenagens e respeito ao trazer um novo sentido à crença de que nenhum soldado deve ser esquecido.

Meditação

Algum cão já se lembrou e mostrou respeito a você, alguém conhecido ou até a um estranho, de uma forma surpreendente?

Um anjo na noite

Diana Johnson, Plano, Texas
Contado por Mary J. Yerkes, Manassas, Virgínia

Com o longo e escuro inverno ficando finalmente para trás, um vento forte de março trazia a primavera — e junto com ela um anjo noturno, que veio morar conosco.

Uma rajada repentina de vento levantou a ponta do casaco de meu marido, Forrest, enquanto ele colocava nossa filha mais nova, Lauren, na cadeirinha dentro do carro. O vento estava bastante forte, dificultando nossa curta viagem até o aeroporto. No banco do passageiro, eu via Forrest segurando com força o volante. Ele lutava para manter nossa minivan na estrada. Parecia uma metáfora do que tinha sido o ano anterior — uma luta para se manter na pista!

Nossos gêmeos, Lauren e Branden, tinham nascido prematuros aos sete meses. Minutos após o nascimento, Lauren, a menor dos dois, tinha parado de respirar. No hospital, via horrorizada como seus pequenos lábios rosados ficavam roxos. Ela foi ressuscitada rapidamente, levada para a UTI neonatal e colocada em um respirador. Branden não estava muito melhor. Um mês depois, Lauren e Branden, os dois com monitoração de apnéia, foram para casa encontrar seus irmãos e irmãs. Os gêmeos mais velhos, Brianna e o pequeno Forrest, tinham três anos, e Taylor, dois. Rapidamente estabelecemos uma rotina. Algumas semanas e já estávamos prontos para dar as boas-vindas a outro novo membro da família, Zeke. Achamos que nossa família não estaria completa sem um cachorro! E estávamos, nessa noite com vento, levando-o para casa.

No aeroporto, inclinei-me sobre Forrest e sussurrei:

— E se isso não der certo? Zeke já tem dois anos e provavelmente é cheio de manias. E se ele não se acostumar?

— A criadora garantiu que daria tudo certo — lembrou Forrest.

Tinha procurado por um bom tempo um criador de collies responsável antes de ter encontrado Susan. Depois de explicar que tínhamos cinco filhos — dois com sérios problemas de saúde —, ela nos convenceu a não pegar um filhote.

— Diana — disse Susan quando eu telefonei para ela —, tenho um collie campeão de dois anos. Zeke é perfeito para a sua família. Ele é bonito, com três cores e é um verdadeiro collie em todos os sentidos. Adora a vida e especialmente crianças.

Mesmo querendo muito ter um filhotinho, com a recomendação de Susan, concordei em dar uma chance ao Zeke.

Agora meus pensamentos tinham sido interrompidos por um grito agudo:

— Zeke chegou! — anunciou Brianna.

Uma funcionária nos levou a uma grande casinha, onde pude ver o nariz comprido enfiado na grade mostrando uma massa de pelos pretos e brancos. Depois de falar umas palavras tranqüilizadoras para Zeke, virei para a funcionária e disse:

— Estamos prontos.

Zeke rastreou seu caminho, cauteloso mas com curiosidade. Em segundos, minha filha Brianna, que adora animais, abraçou o pescoço de Zeke, enfiou o rosto no pêlo comprido e murmurou:

— Amo você, Zeke.

O pequeno Forrest acrescentou:

— Somos sua nova família. Bem-vindo ao lar!

Zeke rapidamente se acostumou com sua nova vida conosco. Colocamos sua cama no quarto principal. Mas desde o começo Zeke deixou claro que preferia dormir no quarto entre os dois berços. Havia pouco espaço para se mexer com cinco botijões de oxigênio, uma máquina de sucção e todos os outros equipamentos médicos no quarto. Mas a enfermeira que nos ajudava a cuidar dos gêmeos não se importava, então decidi deixar Zeke ficar com ela e as crianças.

Uma noite, umas três semanas depois de sua chegada, Zeke pulou no meu lado da cama e me bateu com sua pata. Olhei para o relógio, eram 3:30 da manhã.

— Vai dormir, Zeke — murmurei.

Zeke se recusou a receber um "não" como resposta. Em vez disso, ficou correndo e latindo várias vezes entre minha cama e a porta.

— Psiu... você vai acordar as crianças — eu dei uma bronca enquanto me levantava, pensando que ele queria sair. Fui até a porta dos fundos, mas Zeke não me seguiu. Latindo, ele se virou e correu na direção oposta.

— Zeke, vem aqui — chamei. Brava, entrei pelo corredor atrás dele até o quarto dos bebês. Por que ele não me ouvia? Fiquei pensando.

— Zeke, vem aqui — chamei de novo. Inútil, pensei e me resignei ao fato de que teria de pegá-lo pela coleira. Vi que Zeke pulava com as patas no berço de Lauren. Coloquei dois dedos sob sua coleira e olhei casualmente para Lauren. *Oh, meu Deus! Ela não está respirando!*

Zeke, com Lauren

Peguei o corpo sem vida de Lauren do berço enquanto gritava:

— Forrest, ligue para a emergência!

O bebê estava pendurado em meus braços como uma boneca de pano. Freneticamente, tentei fazer respiração boca a boca em seus lábios roxos. Sua saliva tinha gosto salgado porque se misturava com as lágrimas que escorriam pelo meu rosto. De repente, ouvi um som de tentativa de respiração. Rapidamente virei Lauren para limpar suas vias aéreas. Quando a virei de novo para mim, ela começou a chorar.

— Ela está respirando! — exclamei, o alívio tomando meu corpo.

— Por que o monitor não desligou? — Forrest perguntou para a enfermeira. Depois de examinar o monitor mais detidamente, Forrest obteve a resposta. Ele virou para a enfermeira e disse:

— Os fios estão cruzados.

Furiosa, liguei para o telefone da agência de enfermagem enquanto esperava pela ambulância. Em minutos, eles nos prometeram uma nova enfermeira. Quando os paramédicos chegaram, examinaram Lauren.

— Parece que está tudo bem agora — um deles disse. — Você a salvou bem na hora.

No hospital, na manhã seguinte, Lauren passou por uma bateria de testes. Não houve nenhum dano permanente. Graças a Deus! Foi um milagre.

Exaustos e aliviados, levamos Lauren para casa. Zeke estava nos esperando na porta da frente.

— Zeke, o que teríamos feito se não fosse por você? — perguntei.

Carreguei Lauren, que tinha dormido no carro, para o quarto. Zeke nos acompanhou de perto e ficou olhando quando coloquei Lauren no berço. Satisfeito com a situação, ele se deitou no tapete ao lado, seu lugar usual.

Forrest se virou para mim e perguntou:

— Você acha que o bebê vai ficar bem?

Olhei para Zeke e respondi:

— Ela vai ficar bem.

Meditação

Um cachorro ficou insistindo para avisá-lo de que você ou alguma outra pessoa estava em perigo e precisava de ajuda?

Prisioneiros no Condado de Lee dão vida a cães no corredor da morte

Jay Williams
Fort Myers, Flórida

Eu me envolvi com o Programa Cães na Cela no começo de outubro de 2004 quando estava preso na seção de segurança mínima da Unidade de Programas Comunitários em Fort Myers, Flórida. Para entender as ligações entre pessoas e cães, era preciso já ter tido um. Na minha infância, fui praticamente criado no meio de cães, então a gente se entende bem. O Programa Cães na Cela me chamou atenção porque queria ter a chance de descobrir onde aprender a treinar cães poderia me levar. Também suspeitava que teria que desenvolver paciência. Na hora em que fui voluntário para o programa, tinha aprendido que paciência era muito importante.

Com muita esperança de que havia pelo menos uma coisa que podia fazer direito, candidatei-me ao programa junto com outro 56 prisioneiros. Passei pela primeira fase e vinte e seis foram checados para ver se não havia alguma violência no passado contra pessoas ou animais. Fui um dos catorze prisioneiros finalmente escolhidos para participar do programa.

Nosso Programa é uma parceria entre o Serviço de Animais e a polícia do Condado de Lee. O capitão Tom Weaver, comandante dos Programas Comunitários na prisão, viu um programa na TV sobre isso e decidiu aplicá-lo aos prisioneiros. Ele achou que os presos e os cães poderiam beneficiar uns aos outros.

Como ele estava certo! Hoje, nosso Programa faz tanto sucesso que se tornou um modelo para outros. Pessoas de todas as partes contatam o capitão Weaver e pedem para vir ao Condado para ver os detentos e os cães em ação, além de aprender como o programa funciona.

O Serviço de Animais traz a comida, canil e veterinários. Nós, os detentos, fazemos treinamento em obediência, socialização e comandos básicos. Cães abandonados, que poderiam estar condenados, destinados ao corredor da morte e serem sacrificados vivem com os prisioneiros-treinadores e dormem ao lado das nossas camas com um ou dois cães por unidade. Treinamos os cães todo dia durante o curso e eles são nossas companhias o tempo todo.

Os cachorros que se formam no nosso programa são facilmente adotáveis, tendo aprendido a ficar sobre duas patas, sentar, ficar e voltar, que é um comando para o cão voltar para o treinador. Os cães também são treinados para se comportar em casa, usar coleira e responder a comandos de voz e sinais. O Programa Cães na Cela dá aos prisioneiros uma profissão de treinador de cachorros, cuidados de animais e assistente de veterinário.

Em outubro de 2004, tornei-me o treinador de uma cadela mistura de labrador com beagle preta. Nas primeiras seis semanas de treinamento, Brent, um preso amigo, foi meu treinador assistente.

Os obstáculos

Por causa da sua cor chocolate escura, decidi dar o nome de Hershey. Sabia pouco sobre ela. Ou os donos de Hershey tinham desistido dela por causa de mau comportamento ou o centro de controle de animais em Fort Myers a tinha encontrado na rua. Também não sabia a idade de Hershey, mas o profissional do programa estimava que ela tinha um ano e meio.

Mesmo sem saber muitas coisas sobre Hershey, depois que comecei a cuidar dela, logo descobri como deve ter sido sua vida. Quando a vi pela primeira vez, pensei que seria um daqueles cães sem treinamento que fazem tudo o que querem. No entanto, percebi que sempre que eu tentava agradá-la, abraçá-la ou carregá-la, Hershey ficava com medo. Suas costelas estavam aparecendo porque ela tinha emagrecido. Concluí que havia sofrido abusos.

Pensei: "Vamos ter trabalho para transformá-la em uma boa cadela!". Mas, como os outros detentos do programa, só tinha oito semanas para treiná-la e deixá-la boa para que as pessoas quisessem adotá-la.

As classes de treinamento regular acontecem toda quarta. O resto da semana era para que os presos provassem que os cães podiam ser treinados. Tínhamos que demonstrar que o Programa Cães na Cela valia o tempo e o dinheiro que o Condado estava gastando.

Esperava que Hershey passasse pelo treinamento com distinção, mas, por causa do medo que ela tinha de ser tocada e como parecia esquelética, não tinha certeza se ia conseguir. Todo o programa não ia parar por causa do fracasso de um cão, mas minha parte terminaria se houvesse muitos problemas com Hershey.

Enfrentei outro desafio ao treinar Hershey. Sempre fui surdo. Ser surdo não é tão ruim como as pessoas pensam. Há algumas vantagens. Por exemplo, posso dormir no meio de tempestades. Não ouço pessoas matraqueando perto de mim. Não tenho de ouvir papo-furado. A única desvantagem é que não ouço música. Tirando uma ou outra parte ruim, vivo uma vida normal como qualquer outra pessoa. Ia logo descobrir, no entanto, se ser surdo dificultaria o treino de Hershey.

Nas primeiras duas semanas, estava preocupado com a forma como Hershey iria responder aos meus métodos. Felizmente, o resultado foi que ser surdo não dificultou o treinamento. Na verdade, aconteceu o contrário. Estou acostumado a usar linguagem de sinais e a me comunicar com as mãos. Passar comandos por sinais para Hershey foi algo natural. Se eu levantasse minhas mãos e as colocasse na frente do seu rosto, era o sinal para que Hershey obedecesse ao comando *ficar*. Quando começava a virar minha mão para baixo, ela deveria sentar. Não acho que Hershey sabia que eu era surdo. Como era uma cadela muito inteligente, provavelmente se perguntava, no entanto, por que eu fazia coisas diferentes dos outros treinadores, que normalmente usavam a voz para treinar os cães.

Hershey progride

Depois do período inicial de suas semanas de treinamento, comecei a ver algum desenvolvimento em Hershey. Em vez de ficar hiperativa ou correr por todos os lados, ela começou a me olhar nos olhos. Começou a olhar diretamente para minha mão ou para mim, e consegui ver que ela estava aprendendo a prestar atenção. Uma vez, durante o treino, eu parei de andar abruptamente. Hershey se sentou e ficou esperando pacientemente. Era como se ela estivesse mostrando que tinha confiança em mim e no que eu fazia ou pedisse para ela, mesmo quando era algo fora do normal. Foi quando comecei a relaxar e sentir que Hershey confiava em mim para ajudá-la a se transformar em uma boa cadela para alguém.

Não gostava de forçá-la muito, então às vezes tínhamos dias de folga. Não treinávamos e eu deixava que ela desfrutasse de alguma liberdade. Nos dias de folga, todos os prisioneiros deixavam os cães do programa livres no jardim da prisão. Eu encorajava Hershey a brincar com os outros cães. Surpreendentemente, mesmo quando os outros cachorros queriam brincar, correr, perseguir ou serem perseguidos por ela, Hershey ficava perto de mim. Sua escolha de ficar perto de mim deixava claro que tínhamos formado uma equipe.

Umas duas semanas depois do começo do treinamento de Hershey, o Capitão Weaver levou-a para o veterinário para umas injeções e um exame de vermes. Ele me contou mais tarde que Hershey tinha gostado do passeio de carro. Como ela tinha chegado bem magra, assustada e com sinais de abuso, senti-me feliz de ver que ela começava a agir cada vez mais como um cão normal — daqueles que adoram enfiar a cabeça pela janela de um carro em movimento e ver o mundo.

Gostei de ver o progresso de Hershey não só em obedecer aos comandos, mas também em relação a suas emoções. No começo, ela ficava assustada sempre que eu tentava fazer carinhos. Se mexesse minha mão, ela se abaixava como se eu fosse bater nela. Mas agora ela respondia a todo o meu amor. Fiquei feliz ao perceber que ela sempre queria me ver. Quando eu a deixava sair de sua casinha, ela pulava sobre mim, sem medo.

Quando entramos na terceira semana de treinamento, percebi que Hershey estava respondendo muito melhor do que meus próprios cães em casa. Mesmo assim, ela não agia como se fosse a minha cadela. Eu percebi um tipo de indiferença amorosa nela. Fiquei pensando se, de alguma forma, Hershey sabia que nossa relação seria temporária.

Hershey

O professor do nosso Programa de Cães nas Celas, Coralie Rumbold, e seus três assistentes, Terry, Luann e Jean, me diziam que Hershey tinha se transformado no melhor entre todos os cães em nossa aula de treinamento. Coralie também disse que Hershey era um dos cães mais calmos — focada e alerta. Os comentários dos professores me fizeram sentir ótimo, porque alguns dos cães eram hiperativos, sem foco e sempre se movendo de um lado para o outro. Não conseguiam ficar parados.

Sou bom com cachorros e Hershey pode ter percebido isso,

confiando em mim para treiná-la. Acho que Hershey fazia os exercícios bem porque sabia que iria receber um carinho meu e talvez um biscoito para cachorros também. Hershey, como os outros cães, ficava feliz quando ouvia vozes animadas. Apesar de eu usar sinais para treiná-la, ela conseguia ouvir a animação em minha voz quando tinha se comportado bem.

Alcançando o meio do treinamento

Com o avançar das semanas, eu trabalhava para levar Hershey para onde queria que ela fosse. Em um dos exercícios, eu colocava uma toalha no chão e a levava a uns 2 metros de distância. Depois usava um sinal e dizia: Lugar. Ela ia até a toalha e se deitava até que eu fizesse um sinal para ela voltar. Perfeito! Todo mundo gostava daquela disciplina nela, porque esse exercício ajuda as pessoas a adotarem um cão do nosso programa. Se o cão fez algo errado, a pessoa pode dizer "Lugar", e o cachorro volta para onde ele dorme e fica lá até que a pessoa permita que ele saia e volte para a família. É como dar um tempo "para pensar" a cachorros com mau comportamento.

Ficava cada vez mais orgulhoso de Hershey. Na quarta semana de treinamento, ela conhecia os sinais de sentar, deitar e ficar. Ela entendia os comandos de vir e seguir. Ela também dominava os sinais de lugar. Para mim, isso era impressionante. A maioria dos cães tinha dificuldade com ficar. Hershey conhecia ficar antes que qualquer outro cão começasse a compreender o que ele significava.

Quando chegamos perto da graduação de Hershey no Programa de Cães na Cela, ela tinha que fazer coisas diferentes para conseguir ser adotada. O capitão Weaver levou-a um dia para a casa dele, com o objetivo de descobrir se ela conseguia se relacionar com gatos. Depois que a esposa do capitão, Nancy Weaver, levou Hershey para seu "test drive", ela disse que a cadela tinha adorado andar de carro. Pensei: "Que bom para Hershey!".

No dia em que Hershey foi visitar o capitão e a senhora Weaver e seus gatos, eu sabia que ela voltaria para mim, então não sofri muito por passar o dia longe. Afinal, Hershey e eu tínhamos ficados juntos por muito tempo. Era como dar um descanso, como deixar uma babá cuidando das crianças por um dia, quando você sabe que é só por um dia. Se a separação durasse, mais de um dia, seria terrível. Acho que esse dia com os Weavers ajudou-me a me preparar para quando Hershey me deixasse para viver em seu novo lar.

Quando o capitão Weaver a trouxe de volta, fiquei muito feliz. A senhora Weaver tinha gostado muito dela e havia dito que as duas terminaram o dia dormindo juntas na cama. A senhora Weaver pensou em adotar Hershey. Isso me deu bastante esperança. Dormiria muito melhor sabendo que Hershey estaria em boas mãos e tinha sido adotada por pessoas amáveis. Mais tarde, fiquei desapontado ao descobrir que os Weavers não iriam adotá-la. Isso significava que eu tinha que passar pela ansiedade de me perguntar que tipo de casa Hershey iria encontrar depois que o treinamento terminasse.

Hershey conseguiria terminar?

Finalmente, era hora de levar Hershey para a apresentação dos Cães na Cela, onde centenas de pessoas viriam para assisti-los. No dia da apresentação, fiquei preocupado, sem saber se alguém tinha gostado ou queria adotá-la. Mais tarde, a senhora Weaver e os assistentes do professor me contaram que uma boa quantidade de pessoas tinha participado e que Hershey tinha ido muito bem. Agora que ela estava treinada e pronta, demoraria apenas alguns dias antes de ser posta para adoção. Foi quando eu realmente comecei a me preocupar com ela. Ficava me perguntando se alguém poderia querer cães da cadeia treinados por criminosos.

Um dia, uma das guardas da prisão, a guarda Daniello, me deu um plástico cheio de docinhos para Hershey. Aquele saco durou até o dia da graduação/adoção, que foi o dia 1º de dezembro de 2004. Ser capaz de premiá-la com os doces foi de grande ajuda para mim e para ela. Escrevi um relatório e fiz com que a guarda Daniello fosse reconhecida por seu bom coração ao ter comprado doces para Hershey. Deus a abençoe.

Pouco antes de me separar de Hershey, eu a alimentei mas esqueci de trancar a porta do seu canil antes de voltar para a minha própria jaula. Quando voltei para nossa tenda, ela estava sentada na minha cama esperando por mim! Uau! Ela poderia ter corrido por todos os lados e feito uma tremenda bagunça, mas não. Tudo que fez foi deitar-se na minha cama, como uma boa cadela. Isso deixou todo mundo espantado. Podíamos ver que Hershey tinha realmente amadurecido e estava pronta para ser um tremendo animal de estimação.

Nos dias seguintes, ficamos juntos. Hershey e eu praticamos as coisas que deveríamos fazer para a cerimônia de graduação. Ela tinha que passar por dez partes dos testes da Associação de Canis dos EUA. Precisava fazer coisas como aceitar ser acariciada por pessoas amigáveis, não mostrar agressividade, andar tranqüila entre outros cães, obedecer a comandos básicos e aceitar ser examinada. Depois da graduação, Hershey iria se classificar como uma "Boa Cidadã Canina".

O dia da graduação de Hershey foi um dia que eu queria que durasse para sempre. No entanto, não estava nervoso, porque sabia que Hershey atuaria muito bem. Ela provou isso. Esteve maravilhosa!

Hershey encontraria um lar?

As pessoas que estavam pensando em adotar cachorros do nosso programa participaram da cerimônia de graduação. Para meu alívio, Frank e Leigh Ann Gibson adotaram Hershey na hora. Faço bons julgamentos de pessoas. Ao olhar para os Gibson, vendo como estavam vestidos e vendo como se relacionavam com seus filhos e com Hershey, percebi que eram uma boa família trabalhadora. Eles pareciam pessoas que tinham uma vida decente e cuidariam do cão. Pelo que pude ver, os Gibsons eram gente boa e Hershey estava indo para o lar correto.

As experiências com Hershey ficaram comigo muito depois de sua graduação e adoção, principalmente a paciência e a ternura que desenvolvi enquanto treinava esse cão adorável. Como parte do Programa Cães na Cela, o treinador principal escreve uma carta sobre o cão para as pessoas que o adotam. Meu conselho para a nova família de Hershey foi simples. Escrevi: "Hershey é uma mistura de labrador e beagle. Basicamente, ela é uma cadela muito calma, muito boa para se relacionar com qualquer um que a comande. Vocês vão amá-la. Ela é muito gentil. Gosta de dormir na cama. Por favor, tomem conta dela. Deus e Jesus abençoem a todos nós".

Fiquei surpreso e me senti completamente abençoado com a relação que criei com Hershey. A ligação que estabelecemos foi incrível. É difícil explicar exatamente como Hershey e eu nos tornamos amigos de forma tão rápida. Primeiro, eu precisava me acostumar com ela. Depois de uns dias juntos, começamos a confiar um no outro e criar uma amizade. Às vezes, os animais parecem oferecer uma amizade melhor do que os humanos.

Costumava pensar que sempre fui um fracasso, por acabar na prisão. Depois, com Hershey, vi que podia ter sucesso. Agora sei que posso ter sucesso se estiver motivado e arranjar paciência para enfrentar tudo. Hoje, ao se aproximar o fim da minha pena, estou pensando seriamente em voltar para a escola para aprender mecânica. Quero me sentir bem de novo. É um ótimo sentimento!

Sei que não haverá outra cadela como Hershey. Realmente sinto saudades dela. Espero poder vê-la uma última vez e saber como está. Tudo que posso dizer é que, quando você tem uma cadela como Hershey na sua vida, é realmente abençoado com aquele tipo de ligação que não se encontra em nenhum lugar.

Meditação

Quando você teve que honrar um cachorro ou uma pessoa e abrir mão de uma bênção que adoraria manter para si?

Post Script de Hershey

Frank e Leigh Ann Gibson
Lehigh Acres, Flórida

Adotar Hershey foi mais do que um simples processo de preencher papéis. Antes de levarmos Hershey para casa, o Serviços de Animais do Condado de Lee e a delegacia averiguaram os antecedentes daqueles que queriam adotar os cães. Eles se certificaram de que nenhum de nós teve problemas com animais de estimação. Eles também conversaram com os veterinários para descobrir se nossos animais atuais e antigos estavam com as vacinas em dia e se éramos o tipo de pessoa que cuidava dos animais. Eles nos perguntaram até mesmo quanto tempo o animal ficaria sozinho durante o dia. Foram muito cuidadosos para garantir que os cães seriam adotados por lares carinhosos.

A cerimônia de graduação do Programa de Cães na Cela foi cheia de pompas e circunstâncias. Acabou se transformando em algo bem emocionante ver os "formandos" andando orgulhosos ao lado dos treinadores e preenchendo os requisitos para se tornarem "Bons Cidadãos Caninos".

Depois das demonstrações, testes e cerimônia, passamos uma hora com Jay Williams, conversando através de um intérprete, já que ele é surdo. Ficamos impressionados com ele. Jay nos contou que Hershey era muito inteligente e fácil de treinar, tinha bom temperamento. Nossa única preocupação era que iríamos levá-la embora e como isso seria difícil para ele. Os professores disseram que todo mundo sabia que o período de treinamento era de oito semanas. Jay e seu assistente receberiam novos cães para treinar no dia seguinte.

Adotamos Hershey e a trouxemos para casa no dia 1º de dezembro de 2004. Ela hesitou um pouco em deixar a prisão na noite das adoções, tanto que tivemos que pegá-la no colo para colocar no carro. Ela não era agressiva, mas estava obviamente nervosa ao deixar o lugar onde tinha recebido tanto amor de Jay.

Quando chegamos em casa, nosso terrier de quatro quilos recebeu Hershey de forma entusiástica. Desde então, os dois cachorros se entrosaram de forma incrível. Eles brincam juntos e depois tiram uma soneca.

Estamos muito felizes com Hershey. Ela é maravilhosa, a melhor! Hershey é muito amorosa e o bichinho mais adorável que já tivemos. Ela parece ser sensível a tudo que está ao seu redor, sabendo qual atividade é apropriada a cada momento. Quando nossos filhos estão fazendo lição de casa, ela fica bem quieta aos seus pés. Mas se eles estão livres para brincar, ela está sempre pronta.

Hershey dormia com seu treinador, em celas apertadas. Ela obviamente se acostumou com a companhia. Desde que veio morar conosco, Hershey dorme com um dos nossos filhos a cada noite, só saindo do quarto pela manhã.

Cada um de nós sente que é o favorito de Hershey, mas ela mostra muito amor por todos e aparentemente aprecia sua nova casa. Hershey teve muita sorte de ter recebido uma segunda chance do Programa do Xerife do Condado de Lee. Mas somos ainda mais sortudos de tê-la adotado.

Hershey depois de adotada por Frank e Leigh Ann

Meditação

Um cachorro já surgiu de um modo inesperado e trouxe alegria para sua vida de forma que você ficará eternamente grato?

Nota: Para mais informações sobre o Programa Cães nas Celas do Condado de Lee, visite o site www.leelostpets.com.

O amor de um filhote me preparou para a maternidade

Jill Kelly
Alpharetta, Geórgia

Como já tinha passado dos trinta e cinco, e me separado recentemente do meu marido, fiquei pensando se algum dia teria um filho. Se tivesse a oportunidade, seria uma boa mãe? Só tinha sido babá duas vezes na vida e, nas duas vezes, foram crianças entre cinco e seis anos que já sabiam até usar o banheiro. Eles conseguiam dizer o queriam ou precisavam. Não tinha nenhuma experiência com bebês pequenos. Também nunca havia cuidado dos cães da família. Pouco antes desse momento, enquanto eu morava sozinha e me perguntava se haveria crianças no meu futuro, alguém me deu um filhote de seis semanas. Então, aqui estava eu, responsável por mim e por um pequeno animal. Será que essa "maternidade" seria difícil?

Logo descobriria.

Você pode pensar que treinar um filhote para fazer suas necessidade no papel ou ter meus chinelos mastigados seriam minhas principais preocupações. Mas descobri que a parte mais difícil de ter um filhote recém-nascido era me separar dele. Elle', minha pequena mistura de boxer bege e branca, de repente se transformou no motivo para eu sair da cama de manhã, porque ela tinha que sair. Elle' era a razão para eu voltar para casa a cada duas ou três horas, porque ela tinha que sair ou comer. Eu a acariciava toda noite e essa coisinha peluda foi quem me deu um beijo de Ano Novo em 1998.

Eu pensava em Elle' o tempo todo. Tinha que me lembrar das consultas veterinárias. Garantir que desse suas voltas. É claro que ela tinha a melhor comida e os brinquedos mais divertidos. Eu a levava para todos os lados — banco, lavanderia e qualquer lugar que tivesse um serviço de *drive-through*. Íamos de carro até a PETsMART para fazer compras. E depois tínhamos que ir até a janela do restaurante Sonic e pedir nossa comida. Enquanto Elle' mastigava uma vasilha de sorvete, eu bebia minha Coca Diet.

Se meus amigos me convidassem para ir até a casa deles, a maioria era doce e dizia: "Claro, você pode trazer a Elle'", apesar de preferirem não ter outro cão em suas casa, principalmente porque meu filhote era bem selvagem. Depois de um tempo, percebi que Elle' tinha se transformado na razão pela qual eu não estava mais pensando nos meus outros desafios. A ansiedade em relação às coisas que estavam acontecendo na minha vida teria provavelmente paralisado o meu mundo. Em vez disso, enquanto eu tomava conta de Elle', ela estava tomando conta de mim. Não havia dúvidas de que ela foi a melhor coisa que poderia ter acontecido comigo durante esse período de insegurança e indecisão.

Elle' e Emeril

Adiantando até hoje, estou feliz de contar que meu marido e eu nos reconciliamos, provavelmente porque os dois tinham responsabilidade pela Elle' durante a separação. Cuidar dela nos deu uma nova perspectiva sobre quanta felicidade poderíamos desfrutar, compartilhando as experiências de nossas vidas. Em junho de 2000, Emeril, outra boxer, entrou na família. E em maio de 2003, nosso filho, Jack, nasceu.

Depois que meu bebê nasceu, percebi que tomar conta das consultas de Elle', comprar sua comida e escolher brinquedos legais tinham me transformado. E de uma mulher sem nenhuma habilidade, sem nenhum jeito com crianças me tornei uma ótima mãe para Jack. Elle' me ensinou a fazer as perguntas importantes: será que o bebê está quente? Ele tem comida suficiente? Está recebendo bastante carinho todo dia?

Quando eu levo os três — Jack, Elle' e Emeril — para passeios diários, penso como a Elle', de uma forma canina, me fez perceber como é ótimo ter uma razão para voltar para casa toda noite. E é ótimo ter alguém para amar, cuidar e beijar todo Ano Novo. Adotar Elle' e cuidar dela, junto com todo o amor que ela me deu, me preparou para a maternidade. Sempre serei grata. E, algum dia, talvez meu filho a agradeça também.

Meditação

Quais responsabilidades você aceitou depois de cuidar de um filhote? Um filhote pode ajudá-lo a aprender quais são suas capacidades e limitações?

A mensagem espiritual de Temujin

Wayne Aerni
Sun Lakes, Arizona

Há vários anos, eu me encontrava em um ponto em que sentia que algo me impedia de alcançar meus objetivos espirituais. Durante minha vida adulta, sempre quis ser consciente do Espírito Santo e esquecer minhas preocupações sobre o futuro. Tinha o desejo verdadeiro de relaxar e permitir que o Espírito me guiasse em todas as questões da minha vida. Apesar de minha carreira e outros aspectos da minha vida estarem indo bem, no fundo, nada parecia avançar. Eu sentia que não estava em harmonia com meu Espírito. Conseqüentemente, sentia-me ansioso sobre algumas mudanças que teria de fazer em breve. Minha ansiedade estava me impedindo de alcançar o objetivo esquivo que tinha colocado para o meu desenvolvimento espiritual que era confiar plenamente no meu Espírito.

Naquele momento, eu vivia perto do deserto no subúrbio de Phoenix, Arizona. Sempre que eu me sentia deprimido com alguma coisa, meu remédio era dar longos passeios no deserto com meu cão especial, o Temujin. Ele adorava caminhar comigo pelo deserto.

Temujin era um mastim malhado. Ele pesava uns 60 quilos de amor sólido. Todo mundo que o conhecia sentia o prazer que ele tinha de viver. Brincava com toda pessoa ou cão que encontrava. Agarrava bolas e rolava pelo chão com um entusiasmo tão contagiante, que fazia com que todos o que viam acabassem rindo.

Uma das coisas de que Temujin mais gostava, quando me acompanhava nessas caminhadas pelo deserto, era encontrar tesouros que me mostrava orgulhoso. Ele fazia festa ao meu redor com o que tinha encontrado — às vezes era um galho, mais freqüentemente pedaços de pequenas árvores. Por causa do seu tamanho, ele conseguia carregar tudo de valioso que achasse. Colocamos uma enorme caixa perto da porta de entrada para guardar os tesouros que Temujin trazia para casa.

Um dia, enquanto pensava na falta de progresso em meu crescimento espiritual, Temujin e eu andamos até uma parte bem remota do deserto. Temujin estava no meio da sua busca por tesouros, enquanto eu perambulava sozinho, perdido em meus pensamentos. Mais uma vez, repassava cada aspecto da minha vida, perguntando-me o que estava me atrapalhando.

Com o coração triste, completamente frustrado, parei, olhei para o céu e pedi em voz alta uma resposta do Espírito Santo. Sentindo-me desesperado, falei: "Do que é que eu preciso? Como posso aprender a confiar?"

Segundos depois, chega Temujin, direto em minha direção com o mais novo tesouro na boca. Não estava prestando atenção nele, por ter tantos problemas em minha mente. Temujin parou bem na minha frente e deixou seu presente aos meus pés. Isso era bem raro, porque a brincadeira comum dele era fazer festa ao me redor e ficar escondendo, guardando seu tesouro.

Temujin quando filhote

Naquele dia, ao invés de escondê-lo, ele se sentou, olhou direto nos meus olhos, olhou para sua descoberta e depois voltou a olhar para mim. Isso despertou minha curiosidade, segui os olhos de Temujin e vi um boné preto e vermelho no chão. É claro, a primeira coisa que fiz foi olhar ao redor, tentando descobrir onde esse cachorro poderia ter encontrado um boné no meio do deserto. Mas estávamos completamente sozinhos. Novamente, Temujin olhou para mim, para o boné e de novo para mim.

Eu peguei o boné e o examinei. Em grandes letras vermelhas estavam três palavras: Chega de medo. Temujin olhou para mim e, mais uma vez, para o boné nas minhas mãos. "Chega de medo", falei. O enorme rabo de Temujin começou a balançar, fazendo barulho enquanto batia no chão, quando repeti as palavras: Chega de medo.

Finalmente, percebi que Temujin havia trazido a resposta à minha questão espiritual sobre qual deveria ser o próximo passo na minha jornada espiritual. A resposta era: *chega de medo.*

Foi quando percebi que tinha permitido que pequenos medos e preocupações tomassem conta da minha vida. Tinha ficado tenso ao invés de relaxar para que o Espírito Divino trabalhasse os obstáculos em meu caminho.

Naquele momento de iluminação, um enorme peso foi tirado do meu coração. Comecei a rir alto com a mensagem — e para o mensageiro especial. Então, bastante satisfeito por haver encontrado a resposta para minha questão, Temujin correu alguns metros, enquanto eu fiquei parado, ainda rindo com o boné nas mãos. Ele parou de repente, olhou para mim, respirou forte e balançou a cabeça vigorosamente com uma expressão de desdém. Ele deve ter ficado abismado ao ver quanto tempo eu demorei a entender a mensagem do Espírito. Sua vida era um verdadeiro exemplo de como não ter medo e viver o momento com amor e alegria. Minha vagarosidade em compreender tinha sido um teste para sua paciência.

Ainda tenho aquele boné que diz Chega de medo. Quando os desafios da vida ficam insuportáveis, sempre me lembro desse *slogan*. Talvez minha maior lição na vida seja confiar no Espírito Santo, sabendo que o amor divino ajuda e protege todos os aspectos da minha vida. Tudo que preciso fazer é não temer. Sempre que tenho um problema ou desafio, sei que nunca devo hesitar em procurar uma resposta. E não me surpreendo mais com o mensageiro que o Espírito usa para me guiar.

Meditação

Se Temujin lhe entregasse um boné no deserto e estivesse escrito Chega de medo, como você interpretaria essa mensagem na sua vida? Quando foi que um mensageiro divino canino entregou a resposta que você estava procurando?

Casey: um guerreiro do coração traz amor a uma casa de repouso

Pat Eisenberger
Warren, Michigan

Quando um sheltie (pastores de Shetland) escolhe um humano como companhia, fica com a pessoa nos momentos bons e ruins. Alguns shelties não vêem motivo para prestar atenção em outra pessoa que não seja a escolhida, exceto para mantê-los distante. Por isso, fiquei chocada quando um dia meu sheltie, Casey, correu todo feliz em direção a um casal de idosos que não conhecia. Ele ficou pulando ao redor deles, pedindo atenção, ignorando-me enquanto eu o chamava de volta.

Depois desse incidente, comecei a observar o comportamento de Casey com outras pessoas. Ele não ligava para estranhos que tinham entre 20 e 40 anos, e até fugia de crianças. Mas era só alguém com cabelos brancos passar por perto e Casey corria para brincar. Como esse não era um comportamento normal de um sheltie, comecei a pensar que talvez Casey tivesse uma missão em sua vida. E talvez eu pudesse ajudá-lo.

Entrei em contato com a casa de repouso da minha igreja e descobri que eles aceitavam qualquer um, até mesmo cães, que quisesse visitar os residentes. Estava confiante que Casey poderia alegrar o dia de várias pessoas nesse lugar, mas não tinha certeza de como levá-lo até lá. A maioria dos residentes nessa casa era paciente com Alzheimer. Como poderíamos, Casey e eu, nos comunicar com eles? Tinha observado como Casey mudava seu temperamento. Esperava que eu também pudesse sair da minha zona de conforto e tentar dar um pouco de alegria às pessoas que precisassem. Então fizemos nossa primeira visita aos idosos.

No minuto em que Casey pisou na casa de repouso, as pessoas nos receberam com sorrisos e gargalhadas. Feliz, Casey fez seus truques para eles. Ficou no fundo de um corredor até eu chamá-lo, depois veio correndo no meio das cadeiras de roda. Esse raio peludo fez com que todos se divertissem. Ele sentou, deitou, rolou, se agachou, passou pelas minhas pernas enquanto eu caminhava e agarrou sua bola de tênis quando eu jogava. Depois que Casey terminou de divertir os pacientes, ficou mexendo o rabo, sentado enquanto ouvia os idosos, principalmente quando eles o chamavam de "cachorro lindo". Casey aceitou todo carinho que era feito nele com uma lambida amigável e um abano de rabo.

Quando percebi, pessoas que nem conseguiam dizer onde estavam ou mesmo quem eram tinham os olhos brilhando e estavam se lembrando de cachorros que já tinham tido e amado. Quando uma enfermeira viu que um senhor tinha começado a conversar com Casey, ela me puxou de lado e sussurrou:

— Ele não tinha falado uma palavra desde que chegou aqui. Até agora!

Alguém pediu para levar Casey até uma mulher que não conseguia sair da cama nem falar. Quando a mulher acariciou a cabeça de Casey e começou a cantar para ele, observei indicações de uma mente ativa por trás de seus olhos brilhantes. Ela respondeu com alegria às minhas perguntas com um sorriso e um balançar de cabeça ou uma saudação elegante com as mãos.

Casey

Deixei a casa de repouso aquele dia sentindo muita gratidão pela lição que Casey tinha me dado. Tive medo de sair dos limites que havia colocado ao meu redor e me preocupara em como me comunicaria com essas pessoas. Mas aprendi que ninguém esquece a linguagem do amor. Casey e eu continuamos a visitar a casa de repouso por mais dois anos até que ele se aposentou desse tipo de serviço.

Casey e eu queríamos desafiar todos vocês a saírem dos seus limites. Achamos que vocês descobrirão que a experiência é maravilhosa!

Meditação

Como o cão em sua vida está mostrando a verdadeira missão dele(a)? Você está prestando atenção aos sinais?

Eles ainda estão passeando

Bill Mann
Madison, Tennessee

Quando meu pai se aposentou em 1989, ele e minha mãe se mudaram da casa em Tampa, na Flórida, para as montanhas no oeste da Carolina do Norte, ao norte da cidade de Asheville. Para se exercitar, meu pai costumava andar entre 10 e 12 quilômetros por dia nas montanhas perto da sua nova casa. Numa dessas caminhadas, ele viu um pastor australiano que estava todo enredado na corrente que deveria tê-lo mantido no jardim da sua casa. Meu pai se aproximou e o soltou, além de encher a vasilha de água que ele tinha derrubado. Daquele dia em diante, meu pai e esse cachorro se tornaram amigos e, em suas caminhadas, sempre parava para vê-lo.

Uma vez, minutos depois de meu pai ter passado, o cão rompeu a corrente e o seguiu. Meu pai levou o cão de volta para seu dono, que agradeceu e o acorrentou novamente. Depois disso, o cachorro sempre conseguia romper a corrente e quase sempre ia atrás de meu pai. Ele vinha até a casa de meus pais e sentava na varanda, olhando para meu pai através da porta de vidro. Como era o cão de outra pessoa, meu pai nunca o deixou entrar em casa nem o alimentou. No final acabava levando o cachorro de volta para a casa do seu dono. Mesmo assim, o cão sempre vinha visitá-lo, chovesse ou fizesse sol. Uma vez, ele ficou sentado na varanda por horas, debaixo de quase 1 metro de neve, até que meu pai colocou o casaco e o levou para casa.

Finalmente, o vizinho falou para meu pai: "Você devia ficar com ele. Acho que ele gosta mais de você do que de nós".

Foi assim que meus pais adotaram o cachorro e deram o nome de Aussie. Mas seu apelido era "O Cão do Amor".

Meu pai se sentava numa grande cadeira e Aussie se deitava sobre seus pés, olhando para cima até que meu pai desistia e fazia carinhos na sua cabeça. Era impressionante ver esse cão de quase trinta quilos tentando subir no colo do meu pai, uma pata de cada vez.

Os dois saíam para caminhar juntos quase todo dia, durante anos. Mas um dia meu pai recebeu um diagnóstico de câncer terminal no fígado e descobriu que só tinha entre 6 e 12 meses de vida. Minha esposa, Deborah, minha mãe e eu levamos meu pai para a Flórida para que ele tivesse acesso a um centro de pesquisa contra o câncer. Meu pai nos contou que já sentia dores e náusea há mais de um ano, mas não quis incomodar ninguém.

Enquanto a saúde de meu pai continuou a piorar, Aussie ficou embaixo da cama, bem debaixo dele. Durante o resto da vida de meu pai, incluindo o período em que ele não conseguia mais se levantar da cama, Aussie nunca o abandonou. A tristeza do cão era palpável. Ele comia muito pouco. Depois de o levarmos para fora, para fazer suas necessidades, ele voltava imediatamente para seu posto ao lado do meu pai. Dez semanas depois do diagnóstico, meu pai faleceu, com Aussie deitado quieto embaixo de sua cama.

Depois da morte, Aussie entrou claramente em um período de luto. Ele não era o mesmo. Mas com o tempo ele pareceu começar a aceitar que meu pai tinha falecido e seu entusiasmo voltou. Mas ele nunca se esqueceu de meu pai.

Bill e Aussie

Algumas semanas depois do falecimento, Deborah, minha mãe e eu voltamos à Carolina do Norte. Nós jogamos as cinzas de meu pai ao longo dos caminhos que ele tanto adorava. E Aussie veio viver conosco. Apesar de o amarmos muito, nenhum de nós podia passar tanto tempo com ele como meu pai.

Alguns meses depois, estávamos limpando um armário no porão quando encontramos uma foto preto-e-branco tamanho gigante de meu pai que estava montada em um cartão. Era algo que tinha sobrado de algum evento relacionado à carreira dele de técnico na Universidade do Sul da Flórida, em Tampa. Montamos um memorial improvisado. Não muito depois, descobrimos que Aussie, mexendo o rabo alegremente, olhava para o pôster com o que só pode ser descrito como uma expectativa esperançosa. Ele ficou vigiando o pôster até que nós o guardamos.

Um ano e meio depois do falecimento de meu pai, nossa situação mudou e tivemos que encontrar um novo lar para Aussie. Meu irmão, Michael, sugeriu um de seus ex-alunos, que vivia na Flórida e tinha um pastor australiano que precisava de companhia. Felizmente, essa família se interessou em adotar Aussie.

Um mês antes de a nova família adotá-lo, percebemos que Aussie estava sentindo dores. Ele não estava fraco, mas começava a ganir alto e se aproximava de algum de nós em uma posição submissa, com a cabeça abaixada e o rabo entre as pernas. No começo, pensamos que alguma coisa o tinha atacado, mas não era o caso. Hoje, pensando melhor, concluímos que eram sinais de uma piora na sua condição motora. O veterinário disse que a dor era provavelmente devido a um problema nos ossos e prescreveu o que ele chamou de "antiinflamatório canino", que pareceu aliviar a dor de Aussie.

No dia seguinte ao que chegou à Flórida para viver em seu novo lar, ele voltou a sentir dores. Sua nova família levou-o para o veterinário, onde os raios-X revelaram que Aussie tinha câncer vertebral avançado. Duas vértebras tinham se deteriorado e não poderiam mais ser recuperadas. Aussie deveria ser sacrificado para evitar o sofrimento. A reação dessa família foi de muita compaixão. Antes que pudéssemos nos oferecer para pagar o veterinário, eles disseram que se responsabilizariam pela conta. Cuidaram de tudo, como se Aussie fosse um velho membro da família. Foi algo muito lindo da parte deles.

Eu amava muito Aussie e pensei seriamente em ir até a Flórida para estar com ele fisicamente em sua última consulta, mas, por causa do trabalho, não consegui ir. No exato momento em que estava marcado para Aussie deixar seu corpo físico, sentei-me sozinho, para que pudesse estar com ele pelo menos espiritualmente. Com meus olhos fechados, visualizei Aussie deitado na mesa de aço. Quando me curvei para fazer um carinho, ele levantou sua cabeça e lambeu meu rosto como se dissesse: "Está tudo bem, eu amo você também".

Deborah e eu não pudemos deixar de ver as semelhanças entre a morte de meu pai e a de Aussie. O câncer tinha levado os dois. E como meu pai, Aussie não nos contou sobre sua dor até ser muito tarde para salvá-lo. Os dois acabaram viajando para a Flórida para morrer. Ficou claro para nós que meu pai e Aussie tinham uma ligação profunda e especial. Tenho certeza de que hoje, onde quer que eles estejam, ainda estão dando longas caminhadas juntos.

Sou compositor e, no dia seguinte à morte de Aussie, escrevi uma canção que se chama "They're Still Walking" (Eles ainda estão passeando). A letra conta a história da relação especial entre meu pai e Aussie. Sempre que a canto, as pessoas ficam muito emocionadas. Talvez ela os faça lembrar de amizades leais que já tiveram com cães em suas vidas. Até hoje, "They're Still Walking" é uma das músicas mais pedidas em minhas apresentações.

Meditação

Houve um momento em que a companhia e o amor incondicional de um cão permitiram que você vivesse de forma mais completa? Há um cão especial com quem você compartilhou desafios emocionais e físicos?

Pergunte à Taylor

Cara Taylor,
Minha cadela me segue por toda parte. Ela não aceita ficar longe de mim. Será que está preocupada comigo? Ou acha que sou uma pessoa fascinante? Ninguém nunca tinha me tratado assim.

Sinceramente,
Chata para todo mundo menos para minha cadela

Cara Chata,
Você é a pessoa mais encantadora e interessante do mundo para a sua cadela. Ela adora cada movimento seu e sempre estará por perto se você precisar de algum amor extra ou apoio emocional.
Além disso, você é a fonte dos desejos mais caros para ela – comida, beijos e carinhos, nessa ordem.

Sempre sua,
Taylor

Serão os cães, os heróis peludos de Deus? No próximo capítulo, você vai encontrar anjos de quatro patas heróis que salvam vidas e ajudam aqueles que precisam de amigos-animais perspicazes e hábeis.

Capítulo Dois

E se os heróis tiverem quatro patas e pêlos?

> *"Espiritualmente, se você quiser ter um modelo e não quiser procurá-lo em outras pessoas ou num mestre, olhe para os cães. Eles geralmente se relacionam muito bem com a vida".*
>
> Harold Klemp, *Animals Are Soul Too!"*.

Quantas vezes você ouviu histórias de cães que salvam humanos e outros animais? Acontece com tanta freqüência que a tendência é quase ter como certo que um cão em sua casa serve como proteção contra intrusos, como sistema de alerta de emergência ou antifogo. Cães de salvamento são adições bem-vindas a departamentos policiais e de bombeiros, porque eles conseguem tirar pessoas de escombros ou encontrar seres humanos e outros animais perdidos. Em 2005, ocorreram o tremor de terra e o tsunami no Oceano Índico, bem como várias notícias de cães carregando crianças para lugares altos, longe das águas. Em *Cães sabem quando seus donos estão chegando*, o autor Rupert Sheldrake, que também é bioquímico e filósofo formado em Harvard e Cambridge, escreve sobre um grande terremoto que destruiu a Basílica de São Francisco de Assis na

Itália, em 26 de setembro de 1997. "Na noite anterior, alguns cães latiram muito mais do que o normal; outros ficaram estranhamente agitados e impacientes".[3] Histórias de animais exibindo um "sexto sentido" em relação a desastres naturais iminentes são vistas como estranhas, inexplicáveis mas inegavelmente corretas. Pena que poucas pessoas prestem atenção aos cães que estão tentando avisá-las e salvar suas vidas.

Mas a maioria dos cães não são heróis no sentido tradicional da palavra. Em vez disso, eles ligam seu heroísmo às vidas das pessoas de uma forma tão inextricável que só depois do fim de suas vidas relativamente curtas que a coragem natural do cão é reconhecida e lembrada pela família. É por isso que nós escolhemos para este capítulo histórias que não necessariamente dariam manchetes de jornais, apesar de que algumas até poderiam. Decidimos mostrar heróis silenciosos, os cães corajosos que unem e mantêm famílias. Os cães que se sacrificaram todos os dias para manter idosos em suas casas, com seus últimos dias cheios de alegria e risadas. Esses cães que mantêm tudo funcionando, que garantem que suas famílias terão um alto padrão de qualidade de vida, são os cães que ensinam as crianças o que significa dar sem esperar retorno.

Quando Linda foi convidada por uma escola para dar uma palestra sobre ser escritora, ela perguntou se as crianças tinham animais e se queriam compartilhar uma história sobre um bichinho que era especial para eles. Um garoto de onze anos levantou a mão. Contou que ele, seu pai e seu cachorro tinham ido pescar no gelo em um dia de inverno em Minnesota. Quando seu pai foi buscar uma coisa que eles tinham deixado no lago, o pedaço de gelo em que o garoto estava se quebrou e ele caiu direto na água congelante. O cachorro agarrou a blusa do menino e tirou-o da água antes que o pai conseguisse correr de volta.

Quando o garoto contou essa história, as outras crianças fi-

---

3. Rupert Sheldrake, Cães sabem quando seus donos estão chegando. Objetiva.

caram de olhos arregalados. Tinham ficado impressionadas com esse resgate emocionante. Mais tarde, não pudemos deixar de ficar pensando nessa história, que o garoto não tinha nem contado para sua professora ou colegas. Quantas dessas experiências com cães heróicos ocorrem todo dia, no mundo todo, sem que os feitos dos cães saiam do círculo familiar?

Também ouvimos histórias diárias quando damos entrevistas no rádio. As pessoas ligam para contar sobre seus próprios anjos de quatro patas. Um homem contou que trabalha à noite e vai para casa de manhã para dormir. Mas geralmente fica de plantão. Quando seu celular toca, ele precisa se levantar e resolver a situação. Se não atender ao celular, pode até perder o emprego. Uma manhã, o homem foi dormir em seu quarto no andar de cima e esqueceu de levar o celular. Ele o tinha deixado em cima da mesa no andar de baixo. Mesmo assim, não perdeu uma chamada importante: seu cachorro, ao ouvir o celular tocar, agarrou-o com a boca, correu para cima com ele e jogou o telefone em cima do homem adormecido. O celular ainda tocava quando ele acordou e atendeu. Claro que era um chamado para ele voltar para o trabalho.

Ninguém contou à imprensa sobre essa habilidade do cachorro para resolver problemas e como ele salvou seu humano de ficar desempregado. Mas achamos que você vai gostar de ler as histórias nesse capítulo sobre os campeões do dia-a-dia. Nós gostamos muito. Você vai conhecer alguns cães fantásticos que deram uma nova definição à palavra *herói*.

Você irá conhecer:

- Tequila, um cão cuja capacidade única de juntar pessoas inicia um romance entre um homem e uma mulher, e cujo incrível ato de coragem salva sua família.
- Poni, um cachorro que luta para evitar que um homem seja atacado por uma cobra venenosa.

- Um filhote que aparece misteriosamente, ajuda no resgate de uma criança da tribo Ojibwe e desaparece da mesma forma misteriosa.
- Gracie, uma cadela normalmente quieta e amigável que muda completamente de personalidade, latindo e se agitando até que sua mensagem de emergência seja entendida.
- Bonnie, um adorável Golden Retriever que transforma a vida de um casal de idosos com sua constante devoção e ajuda.
- E, é claro, Taylor, que revela por que os cães escolhem ser heróis.

Enquanto você reflete sobre as histórias deste capítulo, esperamos que se lembre dos heróis comuns que o resgataram de situações que podem não ser tão dramáticas, mas certamente foram eficientes e memoráveis.

Tequila, o cão casamenteiro que salvou uma família

Caroline Kane Aquiar
San Ysidro, Califórnia

Quando tinha só dezenove anos, comecei a gerenciar meu próprio negócio — uma estrebaria nos arredores do San Fernando Valley na cidade de Los Angeles. Meus amigos, também donos da propriedade, me ajudaram a começar a empresa. Uma das nossas primeiras transações foi alugar um pequeno trailer na propriedade para um jovem que tinha se mudado recentemente para a região. Meus amigos, que alugaram o trailer, tinham se encontrado com ele. Mas como o rapaz trabalhava o dia todo e até tarde da noite, e eu trabalhava durante o dia, ainda não tínhamos nos encontrado.

Minhas manhãs no estábulo começavam bem cedo. Normalmente chegava às sete horas, pronta para começar a alimentar os cavalos e limpar o lugar, onde viviam nove cavalos. Uma manhã, estacionei meu carro no lugar usual, que era perto do trailer. Percebi que havia uma casinha de cachorro do lado de fora. Um cão pequeno, preto-e-branco, estava sentado dentro dela. Por causa do pêlo comprido e pela cor achei que era um jovem border collie. Chamei-o e ele veio, mexendo o rabo tão feliz que todo o seu corpo tremia de satisfação. Como o cão estava amarrado à casa por uma longa correia, parecia óbvio que o inquilino não queria que o cachorro corresse por aí enquanto ele estivesse trabalhando.

Com todo o trabalho que eu tinha para fazer, os dias voavam. Ficamos logo amigos, o cão e eu, principalmente quando comecei a trazer biscoitos todos os dias. Nunca via o dono dele, mas o cão parecia estar sempre bem alimentado e cuidado. Ele era muito divertido, cheio de energia e sempre pronto para brincar.

Um dia, decidi soltá-lo. Esperava que ele me conhecesse e confiasse o suficiente para não fugir. Tinha muita coisa a fazer e pensei que nós dois poderíamos fazer companhia um ao outro. No momento em que o desamarrei, ele começou a pular e fazer festa ao meu redor, pulando feliz. Daquele momento em diante, ele sempre me acompanhava nas minhas rondas pelo estábulo. É claro, durante toda essa brincadeira, me esqueci de que meu novo amigo pertencia a alguém. Um dia, estava do lado de fora do estábulo, juntando feno para os cavalos, o cão estava deitado no sol ao meu lado, quando percebi uma perua azul parar ao lado do trailer. Minutos depois, ouvi uma voz chamando: Tequila! Tequila!, seguido de um assobio.

Rique e Tequila

O cão se sentou e levantou a cabeça. Fiquei esperando para ver o que ele ia fazer. Claro que o homem estava pensando onde estaria seu cachorro e viria procurá-lo. Tinha me acostumado tanto com a companhia dele que nunca tinha me ocorrido, até aquele momento, que estava fazendo algo errado ao soltá-lo sem permissão. Quando me dei conta disso, meu coração disparou. Olhei nervosa na direção dos assobios e vi um rapaz andando em nossa direção. Quando ele se aproximou, o cão mexeu o rabo feliz, mas não correu.

— Tequila? — chamou o rapaz com uma voz doce.

Tequila respondeu com movimentos vigorosos do rabo.

Sorri, sem saber o que dizer. Falei a primeira coisa que veio à minha mente:

— Ah, esse é o nome dele? — perguntei.

Olhando para o cachorro, o homem disse:

— Parece que você encontrou uma amiga, não é, rapaz? — e fez um carinho na cabeça de Tequila.

Larguei minha foice e caminhei até ele:

— Olha, desculpe-me por isso. Não deveria ter soltado seu cachorro, mas ele parecia tão doce e com tanta vontade de brincar. Sempre o prendo de novo antes de sair e vejo se ele tem água. Espero que você não se importe.

O rapaz ficou quieto. Senti que estava fazendo papel de boba, mas continuei:

— Você sabia que ele adora biscoitos para cachorros? — perguntei.

Sem olhar para mim, ele respondeu:

— Sabia, sim. Encontrei um monte deles no meu armário. Acho que ele está guardando por algum motivo — ele olhou para mim com um olhar divertido e começamos a rir.

Tequila deve ter percebido que algo bom estava ocorrendo, porque acompanhou nossas risadas com latidos altos. O rapaz se apresentou, seu nome era Raul. Daquele dia em diante, viramos amigos. Raul começou a dirigir como louco depois do trabalho, tentando chegar ao estábulo antes que eu fosse embora. Começou a me ajudar com os cavalos.

Um mês depois que Tequila nos juntou, cheguei aos estábulos uma manhã para descobrir que todos os currais estavam perfeitamente limpos. Os cavalos tinham sido alimentados. E dentro de cada um dos currais havia uma rosa vermelha. Foi o dia em que ele me convidou para jantar. Dessa vez, Tequila não foi convidado.

Lembro-me de como estava nervosa em nosso primeiro encontro. Para piorar, Raul ficou sem gasolina na estrada às dez horas da noite. Ele ficou muito chateado.

Nunca fomos muito festeiros ou sociáveis, então a história desse nosso período não é muito emocionante. Tudo que posso dizer é que de alguma forma eu sabia que Raul era a pessoa com quem eu queria viver o resto da vida. Um ano depois de nos conhecermos, estávamos casados e formamos uma família, junto com Tequila. Acabamos de comemorar dezoito anos juntos.

Desde a primeira vez que o vi, senti que Tequila era um cão especial. A única coisa que faltava era a capacidade de falar. Raul e eu até desconfiávamos disso, porque, com as expressões e os olhos, Tequila conversava muito bem conosco. O velho ditado fala que os olhos são a janela da alma. Os olhos de Tequila nos faziam conhecer nossas próprias almas, preenchendo-as com reflexão e inspiração. É claro, como Tequila tinha sido nosso casamenteiro, Raul e eu sentíamos uma conexão especial com esse cão. Acho que Tequila sentia o mesmo em relação a nós. Era um amigo constante durante os primeiros anos de nosso casamento.

Quando nosso filho Ricky nasceu, em sua primeira noite em casa depois de sair do hospital, Tequila, do seu jeito especial, nos enviou outra mensagem: sua tarefa era proteger o bebê. Lembro-me da primeira vez que coloquei o bebê no berço. Tequila caminhou sentindo tudo que tinha o cheiro do bebê. Depois, deitou-se perto do berço e não se mexeu mais. Isso se repetia toda noite. Quando Ricky chorava, Tequila me acordava, empurrando-me com seu nariz gelado. Era como se estivesse falando:

— Ei, vamos, acorda. O bebê precisa de você.

Raul, Ricky, Tequila e eu vivíamos em frente a um lindo parque. Quando meu filho cresceu, comecei a levá-lo durante as tardes para o parque, para tomar ar fresco e um pouco de sol. É claro que Tequila sempre nos acompanhava. Ele adorava correr e se encontrar com outros cães enquanto eu conversava com os vizinhos. Naturalmente, as pessoas paravam e perguntavam sobre o bebê. O mais interessante é que, quando alguém se aproximava e brincava com Ricky, Tequila se sentava bem perto do carrinho e ficava olhando. O guardião do meu filho estava sempre a postos!

Um dia infeliz, estávamos na frente de casa e outro cão estava no parque. Tequila o viu e correu para cruzar a rua, e um carro que passava o atropelou e sua pata esquerda traseira se quebrou em dois lugares. Era necessário operá-lo e colocar dois pinos de alumínio. Depois do acidente, Tequila precisava de atenção constante. Cuidamos dele sem reclamar. Meu marido acordava duas ou três vezes por noite para dar-lhe a medicação e carregá-lo para fora para que fizesse suas necessidades. Ele acabou se recuperando, mas nunca mais foi o mesmo. Por causa da rigidez das juntas e das limitações físicas, ele começou a ganhar peso e desenvolveu artrite na perna acidentada. O inverno era uma época terrível para ele.

Alguns meses depois, compramos nossa primeira casa e passamos a viver mais confortavelmente. Nosso filho agora tinha seis meses e corria pela casa em seu andador. Incrível como ele sabia manobrar aquele andador pelas esquinas dos corredores. Eu quase não conseguia acompanhá-lo! Durante os lindos dias do verão, sempre deixava a porta da frente aberta, mas com a porta de tela bem fechada. Depois dessa porta havia uma varanda com três degraus de concreto, com 1,5 metro de largura. Havia um espaço de 1 metro dos degraus até os arbustos na frente.

Uma tarde, enquanto Raul estava trabalhando, eu lavava pratos na cozinha. Podia ouvir Ricky correndo com o andador pela sala. Enquanto ouvisse o movimento e os gritinhos de felicidade de Ricky, sabia que estava tudo bem. Mas quando a porta de tela se abriu, larguei tudo e corri para a porta da frente. Encontrei Ricky abraçado ao corpo de Tequila. O andador estava perigosamente pendurado em um ângulo de 45° bem na ponta da escada. Aparentemente, Tequila tinha ouvido Ricky passar pela porta de tela. Ele tinha posicionado seu corpo na frente de Ricky, evitando milagrosamente o que poderia ter causado sérios ferimentos em meu filho.

No mesmo momento em que vi Ricky e Tequila, meu marido parava o carro na porta de casa. Nós ficamos paralisados, sem acreditar no que estava acontecendo. O pobre Tequila, com artrite, continuava a segurar firmemente o corpo do bebê, enquanto Ricky

brincava alegre com seu pêlo. Finalmente, Tequila olhou para nós, como se dissesse:
— Bom, e aí? Não vão pegá-lo?
Corremos e agarramos o bebê.

Nem eu nem meu marido vamos esquecer como Tequila salvou nosso filho de um acidente potencialmente fatal. Tequila sempre foi um amigo maravilhoso e acredito que tenha se tornado o anjo da guarda do nosso filho durante aqueles primeiros anos. Ele trouxe muita alegria e amor para nossas vidas. Quando Ricky cresceu, ele e Tequila passavam muito tempo juntos. Desde o começo, Tequila ensinou Ricky a amar os animais. Isso é algo especial que Ricky ainda leva em seu coração hoje, com dezesseis anos.

Tequila foi realmente nosso anjo — o cão que juntou meu marido e eu, e salvou nosso filho. Sempre seremos gratos por seu amor.

Meditação

Um cão já apresentou alguém especial para você?
Você já conheceu cães que faziam excelentes julgamentos de caráter?

Poni enfrenta uma cascavel venenosa

Del Langheld
Minden, Lousiana

Nós adotamos Poni quando ela era um filhote de oito meses. Meu filho, Chris, trouxe-a para casa nos braços uma noite depois de visitar um amigo. As pessoas não a queriam mais e iam deixá-la em algum lugar, portanto, ela precisava de um lar.

Ela estava com medo, fraca e precisava desesperadamente de um banho. Demorou quase uma semana para se acostumar conosco, mas acabou crescendo e se transformando em uma linda cadela branca com manchas pretas e marrons. Nossa família ria do jeito engraçado de levantar as orelhas para ouvir.

Quando estava quente, Poni sempre queria sair para o jardim. Ela ficava brincando durante o dia, mas voltava para casa à noite. Um dia, tínhamos que ir até a cidade para fazer compras. Quando estávamos voltando, vimos Poni como se estivesse congelada, com todos os pêlos do corpo eriçados. Parecia ter acabado de sair da secadora.

Quando chegamos perto, pudemos ver que ela rosnava e mostrava os dentes. Falei para Tommy, meu marido, que tinha algo de errado com ela. Quando abrimos a porta do carro, Poni rosnou mais alto.

Tommy saiu do carro. Poni virou-se para ele e rosnou tão alto que parecia o barulho de um trem. Todos os pêlos do corpo estavam esticados ao máximo.

No começo, não conseguimos ver o que estava deixando-a tão brava. Quando Toni se aproximou, finalmente conseguiu ver por que ela rosnava. Era sua maneira de nos avisar. No chão, bem em frente a ela, uma cascavel filhote estava enrolada, pronta para atacar.

    Tommy chegou perto da cobra e Poni latiu de novo. A cobra atacou e a picou bem no focinho. Poni caiu no chão enquanto meu marido tirava a cobra. Vi horrorizada que o focinho de Poni começava a inchar. Fiquei com medo que ela morresse ali mesmo.

    Levamos Poni correndo para casa. Liguei para o veterinário, que disse que Poni ficaria bem. Ele não tinha nenhum antídoto para venenos e, mesmo que pedisse, demoraria uns três dias para chegar. Pediu para que ficássemos de olho nela e ligássemos se ela piorasse. Deixamos Poni o mais confortável possível. Ela se recusava a comer ou beber água. Rezei e pedi a Deus para que essa cadela tão corajosa não morresse.

O focinho de Poni inchou tanto que parecia uma bola de tênis. Depois de uns três ou quatro dias, o inchaço finalmente diminuiu e ela parecia estar voltando ao normal. Começou a pular, querendo sair, e voltou a comer. Nós a deixamos do lado de dentro até voltar completamente ao normal. Mas a picada da cobra deixou uma cicatriz entre o lábio e o focinho preto.

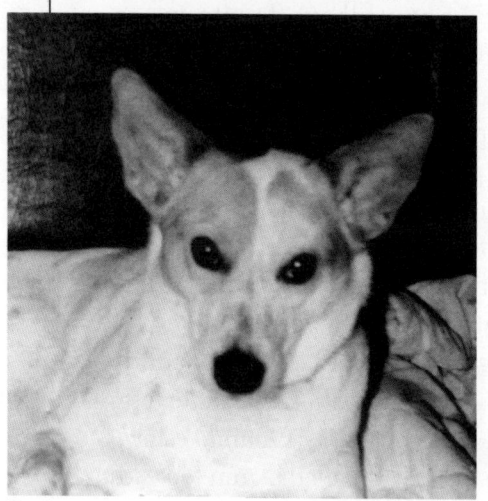

Poni

    Nunca vamos esquecer como Poni arriscou sua vida para nos salvar de uma cascavel. Não conseguiríamos ver a cobra porque ela estava escondida entre a terra e as pedras na entrada de casa. Poni não deixou que chegássemos perto para ver o que a estava deixando brava. Impressionante como ela nos protegeu. Nós devemos nossa vida a essa cadela. Ela sabia que essa cobra de quarenta centímetros era perigosa. Sempre ouvi dizer que uma cascavel filhote é mais mortal e o veneno é mais perigoso do que o de uma cobra adulta.

Não sei o que uma picada como aquela faria em um ser humano. Mas sou grata por Poni ter latido, evitando dessa forma que a cobra picasse Tommy. Ela sempre será a nossa guardiã.

Meditação

Quando foi que um cão agiu de forma diferente para avisá-lo que algo estava estranho ou havia algum perigo?

O filhote que não era de ninguém

Jeanne Croud
Minneapolis, Minnesota

Minha família é descendente de indígenas, da tribo Ojibwe de Minnesota. Queria que minha filha de quinze meses recebesse seu nome indígena de uma mulher, então levei-a para uma nomeadora, uma senhora Ojibwe que eu admirava muito. O marido dessa senhora também é um ancião espiritual, de uma tribo próxima. O casal gostou tanto da nossa filha que perguntaram se cada um deles podia dar um nome a ela. Eles convidaram minha família para participar de um festival bi-anual que a família deles organiza tradicionalmente na primavera e no outono em honra das águias. Naquela festa, eles também iriam dar nomes a várias pessoas.

Viajamos para as terras que o casal possuía em uma área distante no norte do Wisconsin. O lugar era lindo. Havia casas de madeira, uma cabana para rituais e uma tenda enorme onde aconteciam as cerimônias. Descendo um morro bem alto havia um lago maravilho e bem fundo. Muitas crianças e cães corriam e brincavam nos arredores. Percebi, entre eles, um filhote marrom sem raça definida que parecia não ser de ninguém.

Na manhã da cerimônia de nomes, fiquei em uma das casas, ajudando a fazer a comida. Tinha deixado minha filha com o pai. Enquanto cortava tomates, de repente me senti muito angustiada e preocupada com minha filha. A mulher que ia dar o nome à minha filha me olhou várias vezes e perguntou se havia algo errado. Contei que estava sentindo a necessidade de ver se minha filha estava bem. Ela falou:

— Vá imediatamente. A primeira responsabilidade de uma mãe é com seus filhos.

Corri para fora e encontrei meu marido concentrado em ajudar alguém a consertar um carro. Rapidamente, minha filha tinha se afastado dele e ia diretamente para o lago. Ela deve ter começado a andar em direção à água assim que o pai virou de costas. Eu a agarrei e levei-a para longe do lago.

Depois disso, virei para conversar com as crianças que estavam brincando perto. Eles me contaram que minha filha não tinha entrado no lago porque o filhotinho marrom que eu tinha visto antes a tinha afastado da água, como fazem os cães pastores. As crianças contaram que o filhote tinha bloqueado todas as tentativas que minha filha fez de entrar na água. Grata ao filhote, levei minha filha para a casa, onde voltei a ajudar a fazer a comida.

Mais tarde, durante a cerimônia tradicional, minha filha recebeu seu nome indígena. Muitos anciãos nos ensinam que o nome que recebemos é o nome do espírito que nos protege. A mulher e seu marido tinham planejado dar nomes diferentes para minha filha, mas acabaram sendo guiados para o mesmo nome. O nome indígena da minha filha, a partir daquele dia, ficou *Anjeni Equay*. Em português, *Mulher Anjo*.

Pelo que sei, ninguém mais viu aquele filhote que não era de ninguém. O filhote desapareceu depois de salvar a vida da minha pequena Mulher Anjo.

Meditação

Você já teve cães que entraram e saíram rapidamente da sua vida mas pelo tempo suficiente para realizar uma grande tarefa?

Gracie, nossa cadela anfitriã

Pam Thorsen
Hastings, Minnesota

Temos uma pousada que foi construída na década de 1880. Não tenho certeza se nossa adorável springer branca e castanho-avermelhada, Gracie, aprendeu naturalmente ou se a treinamos, de alguma forma, para receber bem nossos hóspedes, mas Gracie era uma ótima anfitriã. Nunca latia para os hóspedes, sempre os recebendo com o rabo balançando e com gentilezas. Ela costumava deixar sua bola de tênis verde aos pés deles, mas nunca insistia. Só ficava olhando como se dissesse:

— Você pode jogar a bola para mim se quiser, mas se não quiser, tudo bem. Eu só vou ficar aqui, se precisar se divertir. Estou aqui para servir aos hóspedes.

Gracie vivia conosco na área de serviço e sabia que não podia entrar na área dos hóspedes. Respeitamos aqueles que são alérgicos e certamente não queríamos que ninguém falasse mal da nossa cadela. Mas Gracie tinha total liberdade para correr pelo quintal cercado o que incluía a varanda dos hóspedes. Às vezes, quando servíamos jantar ou café da manhã na sala de jantar, Gracie esperava que os hóspedes saíssem para relaxar na varanda. Ela se divertia com a brincadeira de buscar a bolinha ou simplesmente deitava no tapete entre as cadeiras de balanço.

Uma noite, depois de termos servido o jantar a um casal de hóspedes que gostava muito de cachorros, deixei Gracie sair da cozinha para brincar no quintal. Da cozinha não consigo ver a sala de jantar, mas conseguia ver o jardim e ouvi Gracie latindo incessantemente. Vi que ela latia na direção da varanda, onde os hóspedes deveriam estar aproveitando o balanço. Pensei que era rude deixá-la continuar com isso porque ela parecia brava. Nesse momento, o latido tinha ficado mais alto. Gritei:

— Gracie, venha já aqui. Pare com isso. Que vergonha!

Ela continuou a latir loucamente, olhando para mim e depois correndo para a varanda, latindo cada vez mais.

Senti vergonha. Estava sempre dizendo a esse casal como Gracie era doce e carinhosa. Eles queriam conhecê-la e disseram que adoravam springers. Percebi que teria que sair e trazer Gracie para dentro. Ela não desistia, mesmo depois da minha bronca. Quando saí no quintal, olhei para a casa. Achei que iria ver meus hóspedes sentados na varanda, frustrados ou incomodados com esse estranho comportamento da nossa adorável Gracie. Em vez disso, a varanda estava vazia e não vi meus hóspedes. Olhei para a sala de jantar e foi aí que percebi o que estava incomodando Gracie. Através da janela vi chamas de mais de um metro dentro da sala.

Enquanto ela continuava a latir, corri para dentro da casa. Gracie me seguiu, sem parar de latir. Quando chegamos à sala, fiquei horrorizada. Os hóspedes haviam terminado de jantar e se retirado para dormir, deixando as velas acesas. O vidro protetor tinha quebrado e a vela caíra sobre a toalha da mesa. Rapidamente apaguei as chamas com uma toalha e jogando água sobre a mesa.

Gracie ficou ao meu lado o tempo todo. Ela não me deixou sozinha para resolver o problema. Nossa cadela tinha me avisado

Gracie

sobre o fogo antes de os alarmes dispararem. Ela tinha agido muito bem! Dei um grande abraço nela e pedi desculpas. Deveria ter imaginado que nossa cadela maravilhosa estava latindo por um bom motivo. Porque a hospitalidade de nossa ótima anfitriã Gracie sempre recheou nosso lar e nossa pousada com muita alegria.

Meditação

Quem são as Gracies da sua vida? Quais cães (ou pessoas) conseguem avisar quando sua fogueira emocional está queimando sem controle?

Bonnie, nossa heroína do dia-a-dia

Richard e Marjorie Douse
St. Paul, Minnesota

A vida em nosso lar sem um cachorro era muito quieta. Sem recepções alegres na porta. Porque o sorriso é algo sempre presente em um lar e muitas risadas através do dia são algo normal, acabamos sentindo falta da preciosa comunicação com alguém que não fosse humano.

Sempre tivemos animais de estimação, ficávamos encantados com o modo como nossos cães nos olhavam e trocavam compreensões silenciosas conosco. Quando um de nós derrubava algum alimento no momento de cozinhar, eles sempre o pegam, evitando assim que tenhamos de nos abaixar. E, na nossa idade, abaixar pode ser bastante doloroso! A companhia de um cachorro oferece um tipo de compreensão que é diferente da de um humano. Os cães podem entender nossos humores e sentimentos muito mais rápido do que as pessoas. Sentíamos falta dessas coisas em nossa vida.

Depois de observar vários idosos com pequenos cãezinhos, percebemos que seria mais fácil para nós ter um cão grande que não nos obrigasse a abaixar para acariciá-lo e cuidar dele. Sempre quisemos um golden retriever e, finalmente, logo depois de nos aposentarmos, adotamos Bonnie, nossa filhote golden. Recomendamos essa raça por ser carinhosa. Bonnie acabou sendo a cadela mais saudável que já tivemos. Ela raramente tinha de ir ao veterinário, exceto para exames anuais e vacinas.

Bonnie logo se transformou num membro indispensável da nossa família. Ela trazia o jornal e as cartas, além de subir e descer as escadas com recados que escrevíamos um para o outro. Isso significava que não tínhamos que ficar andando pela casa. Nunca nos sentíamos sós quando Bonnie estava por perto. Com a idade, saíamos cada vez menos, então era ela quem nos fazia companhia.

Por causa da aposentadoria, fomos capazes de desfrutar mais tempo com nosso cão do que passamos com os animais anteriores, às vezes brincando, em outros momentos somente acariciando e olhando em seus olhos. A cada manhã, quando Richard mal tinha despertado, Bonnie já se posicionava junto à cama para ter todo seu corpo massageado, o que durava geralmente entre vinte e trinta minutos. Isso era algo que nenhum de nós queria perder e era uma forma maravilhosa de começar o dia. A última coisa que fazíamos à noite, quando nos preparávamos para ir dormir, era escovar os dentes dela, o que se transformou em outro ritual que todos adoravam.

Sendo "pais" mais velhos, tínhamos de pensar no que ia acontecer com Bonnie se algo acontecesse a um de nós ou a ambos. Decidimos deixar algo para nossa cadela no testamento. Consultamos nossa filha e nosso genro, para saber se eles tomariam conta dela. Ficamos muito felizes ao saber que eles teriam grande prazer em cuidar de Bonnie e oferecer a mesma troca espiritual entre humano e animal que ela sempre teve conosco.

Nossa qualidade de vida melhorou muito com a presença de Bonnie. Quando ela tinha oito semanas de idade, começamos a levá-la a casas de repouso, para visitar nossos parentes de mais idade. Essas visitas geralmente se estendiam por um bom tempo porque os residentes e os funcionários queriam brincar com ela quando caminhávamos pelos corredores. Bonnie brincava até a entrada da enfermaria, mas se comportava direitinho quando entrávamos. Nunca pulava ou fazia barulho quando estava perto dos residentes mais velhos. Era óbvio que ela adorava essa experiência. E trazia muita alegria para todos com quem se encontrava.

Quando Alice, a tia de Richard, quebrou a bacia — ela tinha noventa e oito anos — e estava muito debilitada, levamos Bonnie para vê-la. A cadela aproximou-se da cama da mulher e colocou sua cabeça perto da dela. Bonnie chorou, gemendo, como nunca a tínhamos visto fazer. Tia Alice morreu uns dias depois.

Quando Bonnie já tinha oito anos, eu passei por uma crise com minha irmã mais velha, que me deixou deprimida. Acreditamos que minha depressão era bastante óbvia para Bonnie, antes mesmo que eu percebesse o que estava acontecendo. Minha vida ficou bem menos ativa. Só saía quando necessário e fiquei sem dirigir por alguns meses. Ficava a maior parte do tempo no quarto mais iluminado da casa, o quarto de costura com janelas em três paredes. Comecei a costurar muito e Bonnie sempre ficava comigo, até abandonava as brincadeiras com Richard quando eu estava na sala de costura. Isso acabou levando a momentos de bastante carinho entre nós.

Depois de ficar comigo por um tempo, Bonnie corria para baixo, querendo sair. Ela voltava para a sala de costura com um recado de Richard, dizendo que o almoço estava pronto na cozinha. Bonnie parecia saber que tinha um papel importante em minha cura, que ela cumpriu com perfeição. Acredito que o papel de Bonnie em minha recuperação foi tão importante quanto a ajuda de Richard, do médico, do pastor e da família.

Quando tinha nove anos e meio, Bonnie morreu de repente. No dia em que morreu, ela comeu bem. Na noite anterior, tinha subido e descido as escadas, cheia de vitalidade e energia. Quando acordamos na manhã do seu

Bonnie

último dia, vimos que estava ofegando bastante e percebemos que ela estava bastante doente. Tivemos que pedir para um vizinho ajudar a carregá-la para o andar de baixo e até o carro para que pudéssemos levá-la ao veterinário.

Enquanto Richard estava ligando para o vizinho, deitei minha cabeça na de Bonnie e coloquei a mão sobre o corpo dela. Conseguia sentir que a respiração de Bonnie ficava cada vez mais fraca. Quando Richard voltou para o quarto, Bonnie levantou a cabeça para olhar para ele, balançou o rabo duas vezes e não deu mais sinal de vida.

Levamos Bonnie para o veterinário, que saiu para examiná-la no carro e confirmou que nossa querida cadela tinha morrido. Nós dois nos apoiamos no carro e choramos. Uma parte tão linda da nossa vida tinha desaparecido em apenas meia hora. Era impossível acreditar. Sentimos que havia sido uma bênção que em seu último ato na terra, Bonnie tivesse mostrado tanto amor por nós: doze dias antes da morte de Bonnie, eu tinha começado a reduzir os antidepressivos que estava tomando. Era como se aquele animal tão carinhoso tivesse esperado para ir embora só quando soubesse que "mamãe" estava bem. Nosso único consolo para agüentar a súbita morte de Bonnie foi a gratidão que sentimos por ela não ter sofrido muito.

Nosso lar ficou incrivelmente vazio depois que ela morreu. Tínhamos amado muito a essa criatura tão linda que corria por todos os lados e encheu nossa casa de vida por tantos anos. Dois dias depois, não conseguíamos agüentar mais o vazio e a dor. Decidimos então fazer uma viagem de cinco dias para Wisconsin. A cada parada no caminho, parecia que anjos eram enviados em forma de pessoas que adoravam cães e que nos confortavam.

Nosso médico sempre nos lembrava de como era importante para pessoas de mais idade terem cães. Nas nossas consultas, ele perguntava como andava a cadela, lembrando-se das muitas vezes que tínhamos contado como Bonnie havia melhorado nossa vida.

Depois que ela morreu, perguntamos a ele se deveríamos adotar outro cão, já que estávamos com setenta e cinco e oitenta anos. Ele respondeu que sempre deveríamos ter um cachorro.

Apesar, é claro, de Bonnie ser insubstituível, estamos felizes com outro filhote de golden retriever na família. Quando as pessoas perguntam como parecemos tão jovens para a nossa idade, contamos que o crédito é sempre dos nossos cães.

Bonnie foi um presente precioso de Deus, trazendo muita alegria e aprofundando nossa compreensão sobre a Sua criação.

Meditação

A história de Bonnie ajudou a repensar se você é muito velho para adotar e criar um cachorro? Qual seria o objetivo de ter um cão na sua vida a qualquer idade?

Pergunte a Taylor

Cara Taylor,
Por que é que os cães são tão rápidos para salvar as vidas das pessoas e não hesitam em realizar atos corajosos?

Sinceramente,
Tímida

Cara Tímida,
Há muito tempo, os cães receberam o dom do amor incondicional. Isso significa que eles possuem corações tão grandes quanto montanhas. Como nós, cães, amamos da mesma forma que Deus, incondicionalmente, nossos primeiros desejos são de ajudar e servir a qualquer um que precise.
A coragem carrega nosso amor para o mundo em patas douradas. Salvar outros e tornar seus dias mais felizes é algo tão natural para nós quanto respirar.

Heroicamente sua,
Taylor

Que livro sobre cães estaria completo sem mostrar como eles são divertidos? O próximo capítulo o apresenta ao mundo divertido, criativo e nunca tonto dos comediantes caninos e a companhia divertida que eles proporcionam.

Capítulo três

Você consegue sentir a felicidade num rabo que balança?

Sempre brincamos que se os animais comprassem livros, os nossos seriam os mais vendidos. Os cães iriam meter a pata neles, abanando o rabo e lendo histórias toda noite antes de dormir. Os gatos iriam abraçar seus livros, mexendo os bigodes com prazer e ronronando entre uma folha e outra. Os pássaros depositariam penas entre as páginas como marcador. Os ratos de biblioteca iriam... bom, você pode imaginar.

Não dá para acreditar na nossa surpresa e alegria quando os cães acabaram realmente mostrando que gostam dos nossos livros. A seguir, contamos algumas histórias com algumas fotos incluídas (ver as páginas 19 e 91).

Imaginem isso:

Estamos em uma casa de repouso onde nem todos os residentes estão convencidos de que é bom ter um cachorrinho lá. Depois de nos apresentarmos, lemos algumas histórias e perguntamos aos funcionários sobre cães e gatos que já os alertaram sobre pacientes em perigo, o que ajudou a criar um ambiente de mais aceitação e apreciação. Para expressar sua gratidão, os dois cães residentes, que estavam sentados no fundo da sala ouvindo, correram para nós quando terminamos de falar. Eles pularam, lamberam-nos e ofereceram silenciosos agradecimentos por contarmos às pessoas quão bem e quão freqüentemente eles cuidaram da saúde ou salvaram a vida dos pacientes.

Imagine isso:

Estamos trabalhando noite e dia para terminar o manuscrito do nosso primeiro livro, sobre a conexão espiritual entre as pessoas e os animais. Decidimos dar uma parada e caminhar um pouco. Quando saímos à porta, duas lindas collies saem de perto de sua acompanhante humana, correm até nós e lambem nossas mãos vigorosamente, mexendo o rabo com alegria. A mulher que está com ela, fica sem saber o que fazer. Ela as chama, mas elas só voltam depois de mostrarem sua apreciação (é o que pensamos) pelas histórias que estamos escrevendo para que as pessoas entendam melhor os animais. A mulher pede desculpa:

— Eles nunca se afastaram assim de mim — diz. — Não sei o que aconteceu.

Nós sabemos.

Imagine isso:

Em uma livraria (não vamos falar o nome), houve uma confusão. Apesar dos esforços do nosso relações-públicas, o gerente da loja não parece entender que vamos fazer uma apresentação do nosso livro *God's Messenger: What Animals Teach Us about the Divine* (Mensageiros de Deus: O que os animais nos ensinam sobre a divindade). Ele só coloca uma mesa para os autógrafos. Conhecemos pelo menos 30 pessoas que virão, incluindo colaboradores daquela cidade. Todos estão esperando um encontro no qual mostrarão fotos dos seus animais e compartilharão histórias em uma festa dedicada aos animais.

Depois de ajudarmos o gerente a colocar umas cadeiras e abrir um espaço para o evento, começamos a apresentação. Quando dois dos participantes aparecem na loja com seus animais, o gerente permite que eles entrem (por consciência pesada, talvez?). Os cães se sentam quietos, ouvindo atentamente a apresentação. Quando ela termina, Annie, a cadela de Gail e Rich Roeske, afasta-se de Gail, pula na mesa onde estávamos autografando os livros e dá um beijo longo e molhado na boca de Linda. O outro cão não resiste e senta no colo de Linda enquanto ela autografa os livros.

Acho que estávamos certos: os cães adoram nossos livros!

Essas experiências são somente algumas das muitas em que os cães nos fizeram rir e iluminaram nossas vidas com seu calor, exuberância e charme. Você, certamente, tem suas próprias histórias, se já conviveu com um cão. E é provável que conviva com quem entende quem são os cães. Ficamos maravilhados, mas não surpresos ao descobrir que há *sites* de encontros na internet para pessoas que adoram cães.

Annie beija Linda

Antes de seguirmos neste capítulo, com as maravilhosas histórias sobre cães que se transformaram em amigos engraçados e grandes comediantes, queremos compartilhar uma piada que circula pela internet. Um daqueles *e-mails* que viajam pela web e que quebram a rotina do dia nos fazendo dar muita risadas.

Se os cães fossem nossos professores

Se os cães fossem nossos professores, aprenderíamos coisas importantes como:

- Quando alguém que você ama chega em casa, corra para recebê-lo como se ele tivesse ficado longe por um ano.
- Nunca perca a oportunidade de dar uma volta de carro.
- Sempre aproveite a experiência extasiante do ar fresco e do vento na cara.
- Tire sonecas.
- Corra e brinque todo dia.
- Brigue por atenção e deixe que as pessoas toquem você.
- Nos dias quentes, deite-se de costas na grama.
- Delicie-se com o prazer de dar longas caminhadas.
- Coma com gosto e entusiasmo.
- Quando alguém estiver mal, fique em silêncio, sente-se perto e cuide desse alguém.
- Quando estiver feliz, faça festa e remexa o corpo inteiro.

Acompanhe-nos neste capítulo, no qual você irá encontrar os seguintes mestres caninos do relaxamento e do prazer:

- Pinkey, uma cadela que se tornou adepta do roubo de bolas de um parque e que preservava cartas de seu amigo que estava na guerra.
- Adam, um labrador dourado que fez amizade com dois cisnes com quem teve um longo relacionamento perto de um lago.
- Booger, um exuberante filhote que se especializou em destruições espirituosas, maravilhosas escapadas do jardim e amizades com compaixão.

- Presty, uma mescla de springer com sheltie que descobriu uma forma inteligente e criativa de expressar sua alegria sem barulho e comoções.
- Sierra, um cão exuberante que ensinou sua humana a aproveitar a vida.
- Gambit, o cão que ensinou uma mulher de mais de cinqüenta anos a enfrentar a meia-idade com graça e alegria, além de Tycho, seu amigo cão mais velho, que os está ensinando a envelhecer.
- Fi-Fi, Susie e Charlie, que inspiraram uma família a organizar um Dia do Cão anual para celebrar as relações humanos-cães e que divertem todo mundo a cada ano.
- Taylor, que ensinou os Andersons uma ou duas lições sobre equilíbrio e a importância de brincar e que continua, na seção "Pergunte à Taylor", a nos iluminar com seu senso de humor canino.

Descanse um pouco, pegue sua bebida favorita e entre na brincadeira. Os cães vão mostrar como sua vida pode ser muito mais divertida.

Pinkey

Bob Shaw
Benton, Missouri

Acho que eu tinha nove anos quando ela veio viver conosco. Por um bom tempo, meu pai quis um cocker spaniel dourado. Um dia, uns amigos dele tiveram uma ninhada de filhotes para vender e um dos cães era um cocker dourado. Naquela época, o preço que eles estavam pedindo, vinte e cinco dólares, era um bom dinheiro para se pagar por um filhote. Minha mãe foi firme ao dizer não. Depois de um tempo, meu pai pediu que fossem até lá para dar uma olhada na ninhada. Bastou uma olhada naquela coisinha dourada com um toque de vermelho e um nariz cheio de sardas para ela mudar de idéia. Logo, Pinkey virou nosso bicho de estimação.

Havia muito pouco em casa que Pinkey não considerava dela, incluindo eu mesmo, a única criança. Também não demorou muito para ela tomar como sua propriedade nossos sapatos, móveis e qualquer coisa que pudesse ser mordida. Um dos seus truques favoritos era dar brilho nos nossos sapatos. Ela rolava, contorcendo-se sobre eles com as costas, até achar que estavam limpos. Quanto mais ríamos, mais ela trabalhava.

Pinkey era fascinada pelo parque que existia ao lado. Ela cavou um buraco sob a cerca e engatinhava por ele para se aventurar no mundo do lado de fora. No parque, perto do buraco que ela havia cavado, foi montado um estande onde as pessoas brincavam de jogar uma bola nas garrafas de leite. Pinkey, que adorava brincar com bolinhas, entrava escondida por baixo da tenda e agarrava a bola quando ela caía no chão. Saía correndo para o buraco na nossa cerca com suas longas orelhas voando, carregando a bola na boca. Quando percebemos o que ela estava fazendo, várias bolas já estavam em nosso jardim. Meu pai ficou preocupado que ela fosse pega e punida por seu roubo, juntou o máximo de bolas que conseguiu e levou-as de volta para o parque, devolvendo-as para o dono do jogo. Meu pai explicou o que estava acontecendo e disse que não machucassem Pinkey, pois ele prometeu que traria todas as bolas de volta.

O homem começou a rir e contou que todo mundo tinha visto Pinkey roubando as bolas, e que acharam que era a coisa mais linda que já tinham visto. Ele garantiu a meu pai que ninguém machucaria nossa cadela, mas ficaria feliz se as bolas fossem devolvidas.

Nos anos seguintes, nós continuamos encontrando de vez em quando uma bola velha em algum lugar escondido no jardim. A descoberta sempre trazia lembranças dos roubos de Pinkey.

Eu me graduei no colégio e entrei para a Força Aérea. Toda vez que vinha para casa de folga, Pinkey era sempre a última de quem me despedia. Ela parecia entender cada palavra que eu dizia. Aqueles grandes olhos marrons mostravam muita inteligência. Depois fui mandado para o Vietnã, do outro lado do mundo de Pinkey e do resto da minha família.

Pinkey

Pinkey recebeu minha primeira carta que chegou em casa do Vietnã com muitos latidos e entusiasmo. Ela tinha sentido o meu cheiro na carta. Quando minha família terminou a leitura, deixou a carta na mesa da cozinha. Ela subiu numa cadeira e pegou a carta. Mais tarde, minha mãe encontrou Pinkey enrolada em sua caminha com minha carta sob o focinho.

— Sua ladrazinha — ela falou. Então Pinkey olhou para minha mãe com os olhos cheios de água, apontou para a carta com o focinho e olhou de volta para ela. — Isso me cortou o coração — contou minha mãe.

A partir daí, Pinkey terminou guardando todas as minhas cartas. Ela as levava para a cama e dormia em cima delas toda noite.

Alguns anos depois, minha mãe ligou para minha casa para contar que, após viver dezesseis anos, Pinkey tinha morrido. Meus pais a enterraram no quintal que ela tanto adorava. Encontrei um lindo bloco de mármore para gravar seu nome e servir como lápide. Trinta anos depois, ainda posso sair no quintal e ver a lápide, exatamente como na época em que Pinkey nos deixou.

Alguns anos atrás, meu pai decidiu fazer uma reforma no porão da casa. O operário saiu com o que havia sobrado de uma bolinha. Todos sorrimos e dissemos:

— Aquela ladrazinha.

Há um lugar chamado Ponte do Arco-Íris, onde animais e seus humanos se reúnem depois da morte. Lá, uma cocker spaniel dourada com um nariz cheio de sardas agarra bolas que caem no chão e brinca com elas enquanto espera nos reencontrar um dia.

Meditação

Quantos "ladrõezinhos" de coração você já conheceu? Quando um cão mostrou que sente saudades de você de um jeito que as palavras não poderiam expressar?

O incidente no lago Isabella

Kathy Broderick
Chicago, Illinois

Há alguns anos, meu marido e eu compramos um pequeno bangalô em Chicago com um pequeno quintal. Logo começamos a encher nossa casa. Primeiro chegou o filhote: Adam, um labrador dourado com grandes patas. Aqueles foram os dias de liberdade para o filhotinho — Adam deslizava por todo o piso de madeira da casa vazia, jogávamos frisbee no parque, fazíamos viagens até a praia. Depois vieram as crianças: gêmeas, requerendo o dobro dos cuidados normais de bebê. Enquanto meu marido e eu assumíamos as responsabilidades de pais, Adam aceitou a situação e cresceu sendo um membro protetor e leal da família.

Todo mundo precisa viajar de vez em quando, principalmente um labrador de 40 quilos como Adam. Para nossa sorte, meus pais possuem uma casa de campo perto do lago Isabella, que é pequeno e sem praias. O bosque ao redor dele vai rareando ao chegar perto da água e as casas estão um pouco distantes da margem, que é inclinada, não sendo visíveis da água. O lago Isabella não serve para esqui aquático. É um lago para pescar. Barco a remo, canoas e os raros barcos de pesca motorizados estão sempre passando. Crianças andam em balsas, às vezes até atravessando para a outra margem. E dois cisnes foram viver ali.

Independentemente da hora ou da época do ano, assim que nossa família entrava na estrada, em nosso velho Jipe, que levava ao lago, Adam levantava a cabeça no banco de trás. Quando entrávamos na estrada de terra, seu rabo começava a balançar. Quanto mais perto chegávamos do lago e da casa, mais rápido ele mexia o rabo e se recusava a ficar sentado. Quando chegávamos, Adam corria direto para a água. Depois corria de volta para nós, como um louco. Descia e subia a colina, entrava e saía da água, corria feliz, livre da guia e da coleira o fim de semana inteiro.

Da varanda da casa de meus pais, a visão do lago é maravilhosa — como se fosse uma tela de cinema gigante mostrando a natureza. E os cisnes eram, geralmente, as estrelas do filme. Eles nadavam com pompa pelo lago, como em um desfile da realeza.

Lembro-me do dia em que os cisnes e Adam se encontraram pela primeira vez. Minha mãe, minha irmã e eu estávamos sentadas na varanda, olhando com curiosidade duas espécies diferentes se encontrarem pela primeira vez. Adam estava nadando, só com a cabeça para fora da água, formando uma onda atrás de si. Os cisnes e o cão se aproximaram na mesma velocidade. O corpo dos cisnes parecia enorme, mesmo de longe. Adam era um cachorro grande, mas, submerso na água, parecia estar em desvantagem.

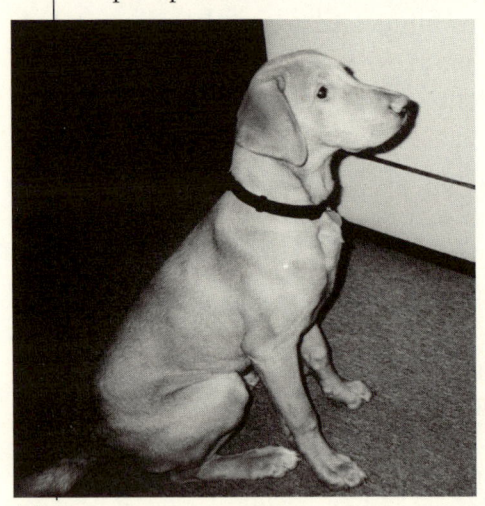

Ele continuou se aproximando dos cisnes. Corri e fiquei chamando da margem. Ele não me ouvia. Estava no meio do lago e bem no território dos cisnes. Eles se inclinaram e silvaram para ele, que não é burro e por isso virou-se rapidamente e nadou de volta para a margem. Tendo se livrado dele, os cisnes foram embora, mas Adam ficou na margem, balançando o rabo e seguindo-os com a vista.

Várias vezes, os cisnes e Adam se aproximaram no lago e, em algum momento naquele fim de semana, acabaram ficando amigos. O primeiro encontro tinha sido engraçado e assustador. A amizade, no entanto, tornou-se forte e confiável. Era evidente que eles haviam se entendido.

Sempre que chegávamos, nosso cão corria para a margem. Momentos depois, os cisnes nadavam até lá para saudá-lo. Com um tipo de radar canino, ele chamava por eles e intuitivamente sabia que eles apareceriam. Isso sempre me surpreendia, pois nunca conheci ninguém tão confiável como aqueles cisnes amigos de Adam. Era algo inspirador.

Mas Adam ficou doente. Ficou muito triste. Um dia, quando nós quatro saímos de barco, ele ficou sentado na margem e uivou como um lobo. Nunca o havíamos ouvido emitir um som assim. Parecia que o lago o tinha ensinado a se expressar, e ele queria dizer que não podia ser deixado sozinho. Voltamos correndo, assustados. Em menos de um mês, estávamos explicando a nossas filhas de quatro anos que Adam tinha ido para o Céu dos Cachorros.

Não pudemos enterrar Adam no quintal de casa. Ele era muito grande e o quintal muito pequeno. Além disso, não parecia a coisa certa a fazer. Guardamos suas cinzas em uma caixa por semanas antes de entendermos o que devia ser feito.

Num lindo dia de outubro, meu marido, nossas filhas e eu levamos as cinzas de Adam para o lago Isabella. Procuramos e chegamos à conclusão de que um lugar perto do bosque seria o melhor lugar para enterrá-lo. Enquanto subíamos a colina, rezamos para São Francisco, o santo protetor dos animais e começamos a espalhar as cinzas de Adam naquele lugar. Demos um adeus cheio de lágrimas a ele.

De repente, dois raios de luz surgiram. Saindo do bosque, numa curva do rio, os cisnes se aproximaram da nossa cerimônia particular. Em vez de desfilar pelo lago, tinham aparecido de forma discreta, entrado pela "porta dos fundos" como celebridades evitando os *paparazzi*. Vieram atrás de seu amigo, para dizer adeus. Ficaram só um minuto, como se dessem suas bênçãos e foram embora do mesmo jeito. Pensando bem agora, acredito que essa foi a última vez que vi os cisnes no lago Isabella.

Meu cachorro está morto. E os cisnes também. Mas é fácil visualizar a forma como faziam a dança deles. Era natural, lindo, misterioso e divertido. Era algo que nunca tinha visto na cidade: animais soltos, animais sem humanos, uma utopia animal! A relação simples e imutável durou três anos. Como humanos, nós assistíamos, maravilhados e perplexos.

Adam não está mais triste. E não está mais sozinho. Sei disso, porque os cisnes vieram me contar. Quando apareceram no funeral de Adam, era como se dissessem que Adam tinha se unido a todos os animais que morrem de forma honrada. A rápida aparição deles me garantiu que o sofrimento de Adam havia acabado e que tudo que ele sentia agora era o ritmo natural da mudança das estações.

No funeral de Adam, aprendi que ele não era um cão da cidade. Um cão pertence à sua família, mas pertence a um lugar também. O Céu dos Cães é esse lugar. E, para Adam, o Céu dos Cães é um lugar chamado lago Isabella.

Meditação

Existem pessoas ou animais que querem criar laços de amizade diferentes com você? Há alguém que é muito diferente de você mas poderia enriquecer sua vida de alguma forma?

O cão meleca

Pamela Jenkins
Henryetta, Oklahoma

Nós o chamávamos de Meleca. Lembro da manhã de primavera quando minha família foi até a casa de uns amigos no campo para ver a ninhada de filhotes de beagle. Queríamos adotar um, mas estava difícil escolher qual deles. Cada um era mais lindo, doce e gostoso de abraçar do que o outro. Foi quando meu filho viu um filhote grande que não se parecia em nada com seus irmãos e irmãs e disse:

— Ei, olha aquele melequento ali! — e insistiu em levar o mais estranho do grupo.

Tentamos dar um nome mais nobre como Duke ou King, mas Meleca parecia ser o melhor.

Nosso novo filhote parecia um pequeno São Bernardo com o pêlo duro e grosso, e orelhas compridas. Desde o primeiro dia em casa, ele era só dentes e xixi, travessuras e destruição. Poderia ser um modelo de treinamento que deu errado. Um jornal enrolado significava um jogo divertido de "agarre-me se puder". As broncas entravam por um ouvido e saíam pelo outro. Mas com seus olhos brilhantes, língua pendurada e rabo que não parava, ele era tão divertido que era difícil eu conseguir ficar brava. Ele nunca achava que estava fazendo algo errado.

Logo os latidinhos agudos se tornaram latidos grossos. Uma folha de outono voando pelo jardim à noite era o suficiente para Meleca soar o alarme e acordar a família inteira. Ele cavava buracos no jardim com uma despreocupação feliz. Regava livremente as begônias e os gerânios. Qualquer coisa que pegasse era enterrada, levada para o porão ou devorada. Meleca adorava vendedores que batiam na porta. Gostava de crianças e odiava tomar banho. Preferia que os gatos tomassem sustos e saíssem correndo. Quando o levei para uma volta pelo campo, um dia, passei dez minutos em uma agradável caminhada e duas horas procurando por ele.

O Meleca se transformou em um artista da fuga e mantê-lo em casa era sempre um desafio. Usando seu focinho, ele abria o portão que alguém tinha esquecido de trancar. Quando conseguia sair, corria para brincar com as crianças da vizinhança. Nossa família saía atrás dele na rua, mas Meleca não queria ser pego. Ele estava se divertindo e só voltava para casa quando estivesse cansado. No final do dia, corria para nossa varanda e se deitava com um suspiro, feliz e cansado. Naquela época, tinha se tornado mais uma fonte de frustração do que prazer.

Um dia de primavera, ele voltou para casa da mesma maneira: subindo na videira que crescia perto da cerca atrás da casa. Caiu dentro do jardim e interrompeu a reunião do clube de jardinagem que eu estava fazendo no pátio. As xícaras de chá foram colocadas na mesa e sobrancelhas se levantaram enquanto nosso cachorro demonstrava às senhoras como acabar com uma coceira se esfregando no chão. Minhas convidadas nunca iriam se esquecer do encontro com Meleca.

Às vezes, eu me sentava perto da janela e ficava olhando as palhaçadas dele, me perguntando por que não tínhamos adotado um cocker spaniel inocente ou uma collie esperta. Terriers eram

A irmã de Pamela, Sandra, com o Meleca

ativos e muito divertidos. Até gostaria de ter um boxer que tomasse conta da casa. Apesar de gostar muito de animais, depois de um tempo não conseguia ver nenhuma qualidade redentora no nosso.

Um dia, sentindo bastante o peso das minhas tarefas e procurando um lugar tranqüilo, saí pela porta do fundo querendo aproveitar a solidão da tarde. Andei pelo quintal e me sentei na grama embaixo de uma árvore. Apertei os joelhos contra o peito e os abracei forte. E comecei a chorar. Liberei todo o sofrimento de um dia cheio de conflitos e tensões.

Depois de uns minutos, senti algo roçando nos meus ombros. Olhei limpando as lágrimas e era Meleca que me mirava no crepúsculo. Vagarosamente, ele se encostou em mim. Movia-se de forma hesitante, como se não soubesse muito bem o que fazer, mas eu finalmente o envolvi com meu braço. Por mais de uma hora, esse cão normalmente hiperativo, ficou sentado em silêncio no meu colo enquanto eu contava os meus problemas e chorava em cima de seu pêlo.

Na manhã seguinte, saí pela porta dos fundos e fiquei procurando por Meleca. Ele estava ocupado brincando de cabo-de-guerra com um lençol pendurado no varal. Quando me viu, veio andando com a expressão cômica "sou tão bobo e tão orgulhoso disso", os olhos curiosos e o rabo balançando. O mesmo Meleca de sempre. O mesmo estilo doido. Nada tinha mudado. Bom, uma coisa tinha. A partir daquele momento, depois que esse cão cheio de vida tinha mostrado tanta compaixão em meu momento de tristeza, sempre teve um lugar especial no meu coração.

Meditação

Há algo adorável e generoso até na pessoa ou animal mais irritante na sua vida? Será que mostrar sua vulnerabilidade não permitirá que alguém se aproxime de você?

Uma solução carinhosa para um problema difícil

Lyndra Hearn Antonson
Minnetonka, Minnesota

A dotei Presty quando ela já tinha seis anos. É uma mistura de springer com sheltie e fica muito feliz quando sua mãe (eu) ou seu pai, meu marido, Dale, chegam em casa. Quando fica superanimada, late muito alto e às vezes até dói o ouvido. Logo depois que a adotei, comecei a tentar ajudá-la a parar com essa mania de latir com tanto entusiasmo quando chegávamos. Eu dizia:

— Quieta! — e gentilmente segurava seu focinho.

Uma noite, entrei em casa e Presty começou a latir da maneira costumeira. Falei:

— Quieta!

Ela começou a correr pela casa como se estivesse procurando por alguma coisa. Momentos depois, voltou para a sala com um dos seus brinquedos na boca e o resto do corpo balançando de felicidade. Parece que como ela não conseguia controlar o latido, usou a inteligência, a criatividade e o desejo de agradar para arranjar uma solução. Isso me deixou muito feliz e aumentou o amor que sentia por ela ainda mais.

Até hoje, sempre que chegamos em casa, Presty nos recebe silenciosamente com um brinquedo na boca enquanto todo seu corpo nos cumprimenta.

Presty

Meditação

Quais soluções criativas você descobriu para pessoas ou situações que parecem estar fora de controle, mas que podem precisar só de uma alternativa criativa?

Sierra, o cão que me ensinou a aproveitar a vida

Monique Muhlenkamp
Petaluma, Califórnia

Se o som da minha cabeça preocupada pudesse ser ouvido, seria uma corrente contínua de dúvidas: será que eu fechei a porta? Será que eu desliguei a cafeteira? Será que deixei o gás ligado? Frases começando com "E se" apareciam na minha cabeça com mais freqüência do que gostaria. Felizmente, tenho uma professora de quatro patas que me ajuda a tratar dessa ansiedade. Seu nome é Sierra. É uma mistura de labrador com galgo inglês amarela com uma atitude de "aproveitar a vida" que conseguiu vencer a estudante humana.

Uma manhã de sábado, meu marido, Steve, sugeriu que levássemos Sierra até a praia para que pudesse fazer um pouco de exercício e gastar energia. Achei uma ótima idéia até que comecei a antecipar todos os perigos que poderiam nos esperar na praia.

E se Sierra visse um pássaro, corresse atrás dele e nunca mais voltasse?

E se ela entrasse no mar e fosse devorada por um tubarão? Afinal, a costa norte da Califórnia está cheia de tubarões.

E se Sierra perturbasse uma foca e um patrulheiro nos prendesse?

Depois de fazer minha lista de preocupações, finalmente concordei com a viagem. Mas quanto mais chegávamos perto da praia, mais preocupada ficava. Mesmo assim, fui obrigada a dar um sorriso quando olhava para o banco de trás e via a expressão feliz no rosto peludo da minha professora. Sierra não é boba. Sabia exatamente para onde estávamos indo e todas as delícias da praia. Parecia estar sonhando com longas corridas pela areia, pulos sobre as ondas, brincadeiras com gaivotas e com o Frisbee. Ela também queria fazer sua dança favorita na praia — o chacoalhar do cão molhado, sempre em cima de nossa toalha e de nossa comida.

Comecei a pensar em como Sierra encarava a vida e me surgiram mais um grupo de "e se".

E se Steve e eu aproveitássemos o dia olhando a felicidade de Sierra, em vez de perder meu tempo me preocupando tanto com o que poderia dar errado?

E se eu tirasse minha câmera da mala e fizesse algumas fotos divertidas?

E se eu simplesmente ficasse bem?

E, claro, se eu tivesse essa atitude relaxada em outras áreas da minha vida?

Quanto mais chegávamos perto do oceano, mais feliz ficava Sierra. Sua alegria era contagiante e até me infectou!

Depois que saímos do carro, vi Sierra sair e dar uma corrida, daquelas que só são possíveis quando há muito espaço livre. Era algo muito legal de ver. Capturei o resto do dia com meus olhos e minha câmera. Depois que revelei o filme, fiquei emocionada ao perceber que havia tirado uma foto que resumia tudo. Era uma imagem de Sierra dentro da água com as orelhas para trás por causa do vento e um grande sorriso no rosto. Essa visão da liberdade de Sierra me fez lembrar da lição de vida que ela havia me ensinado naquele dia: *Viva com alegria, e pelo amor de Deus pare de se preocupar tanto. A vida é muito, muito curta.*

Sierra

Meditação

O que um cão está tentando ensiná-lo sobre coisas como viver e aproveitar a vida?

Mostrando o caminho

Eleanor Garrell Berger
Norte do estado de Nova York

Tycho é um cão bem velho — mais de noventa em anos humanos. Como outros cães idosos, ele é tanto uma inspiração como um especialista na arte de envelhecer bem. Andando com dificuldades, mas sem autocompaixão, ele possui uma dignidade que não é diminuída por minha impaciência irrefletida ao ser obrigada a diminuir o passo para acompanhá-lo. Apesar de ter seus momentos de correr, Tycho normalmente se contenta em ficar olhando da sua caminha os outros brincando. Apesar dos problemas na visão, uma audição diminuída e uma doença degenerativa no disco, Tycho se vira bem. Na verdade, muito bem quando atenção extra ou um biscoito estão em jogo.

Nas nossas saídas, Tycho pára e cheira tudo durante muito tempo enquanto tenta descobrir a identidade do cachorro que deixou sua marca antes dele. Entendo esse desafio toda vez que busco na minha memória por um nome para juntar a um rosto familiar. Infelizmente, não gosto desses desafios como Tycho. Talvez, se eu cheirasse um pouco, isso poderia ajudar a minha memória.

Resumindo, nosso schnauzer é um cidadão idoso modelo. Se tiver o privilégio de viver até os noventa anos, espero me lembrar de como Tycho envelheceu, porque gostaria que fosse igual.

Mas o que vou fazer enquanto essa idade não chega, agora que já estou com cinqüenta e poucos? Quem vai me dar o exemplo? Mostrar o caminho? Alguém de meia-idade seria o melhor. Meus contemporâneos humanos, no entanto, tendem a ser excepcionais, tomados por uma energia mental e flexibilidade no corpo que eu não possuía nem quando tinha vinte anos. São tipos triunfadores, prósperos nos empregos e cheios de *hobbies*. Um modelo mais compreensivo seria melhor para mim.

E eu descobri um. Um cão chamado Gambit. Com cinqüenta e poucos, em anos humanos. Está chegando à meia-idade do jeito certo, com uma perspectiva de vida que me contagiou.

Gambit sabe como separar o que é importante do que não é. Ele faz sua dança de guerra para os esquilos que entram em sua grama e sobem em suas árvores. Ao mesmo tempo, deixa passar os corvos no telhado, esquilos no jardim do vizinho — desde que não estejam ao alcance da sua correia. Há muito a dizer sobre essa visão, por deixar algumas questões passarem e não querer lutar em todas as frentes de batalha. Pelo menos, é possível conservar a energia, que na meia-idade já não é tanta. Assim, combinando com o espírito de Gambit, decidi dar aos meus vizinhos um "chega pra lá" em seus hábitos de sujar a rua e guardei minha dança de guerra para as festas dos filhos adolescentes que iam até de madrugada.

Gambit

Mesmo depois de oito anos de caminhadas diárias, quando deixo Gambit me levar, ele late e pula, expressando seu entusiasmo pelo que parece ser comum. Sob sua direção, também consigo apreciar os prazeres de uma longa caminhada, um lugar confortável e um prato simples de boa comida (principalmente se outra pessoa prepara, serve e lava os pratos).

Agora que estamos perto dos cinqüenta anos, Gambit e eu

estamos prontos para retomar os projetos que tínhamos deixado de lado. Gambit está ficando eficiente em fazer trilhas. Na juventude, ele estava mais interessado em latir para outros cachorros do que em seguir seu nariz. Na minha juventude, também, estava mais interessada em me socializar e correr de um lado para o outro. Agora, no entanto, prefiro cuidar de um jardim, fortalecer as amizades e explorar novos lugares — com uma intensidade que peguei das cheirações de meu amigo Gambit.

Meu terrier e eu aprendemos a caminhar tranqüilos. Não corremos o dia inteiro. Tiramos nossos momentos para brincar. Bebemos nossa água e precisamos "ir ao banheiro" com mais freqüência. Pedimos o que queremos mas sabemos que nem sempre vamos conseguir. Queremos cooperar e nos comprometer, mas sabemos quando estabelecer limites. O de Gambit é não cortar as unhas. O meu é nunca comer nada geneticamente modificado.

Sabemos do que gostamos e não gostamos do frio ou da chuva. Sabemos nossos limites — nenhum de nós gosta de correr. Não nos preocupamos com o passado. Achamos que ainda temos coisas para alcançar no futuro. Adoramos nos esticar. Apreciamos uma soneca. E gostamos de conversar com nossos amigos. Gambit, um pouco mais alto do que eu gostaria.

Tycho

A vida é muito melhor com um cão de meia-idade para compartilhar a minha própria meia-idade. É ótimo ter um amigo peludo para nos guiar e nos manter na rota certa. E é muito confortável saber que, como envelhecemos juntos, poderemos seguir as pegadas de Tycho, nosso ancião canino, que já passou por tudo isso e nos mostrou o caminho.

Meditação

Um cão idoso pode ser a companhia perfeita para uma pessoa idosa? Será que só os filhotes se tornam animais com compaixão ou um cão mais velho, resgatado de um abrigo, traz a mesma proporção de gratidão e energia de que você precisa?

Dia do cão

Roberta Beach Jacobson
Ilha de Cárpatos, Grécia

Quando era jovem e vivia no norte de Illinois, em um dia especial entre o Natal e o Ano Novo, deixávamos que os cães tomassem conta da casa. Tirávamos um dia livre durante aquela semana de inverno e todo mundo na família iria passar o tempo todo brincando com nossos cães. O Dia dos Cães virou uma tradição familiar, uma mudança bem-vinda entre as loucuras dos feriados. Sempre brincávamos de jogar a bolinha para nosso trio de cães no lago congelado e, logo, atraíamos várias crianças curiosas ao nosso redor. Construíamos um boneco de neve no jardim e jogávamos bolas de neve para os cachorros.

No Dia dos Cães, nós também cuidávamos deles, penteando o pêlo e cortando as unhas. Um ano, minha mãe decidiu que queria melhorar seus conhecimentos sobre isso e entrou num curso chamado "Corte o pêlo do seu cachorro". As pobres Fi-Fi e Susie se transformaram em modelos mesmo sem querer. Minha mãe nunca aprendeu direito. Não que ela não se dedicasse, mas um lado sempre ficava mais comprido que o outro ou mais enrolado, e tenho certeza que as poodles ficavam ofendidas com o entusiasmo dela.

No ano seguinte, minha mãe comprou um livro sobre corte de pêlos para ajudá-la a melhorar. Mas não era para ser. Quando tentou fazer um corte francês na Fi-Fi, vimos a pele da cadela pela primeira vez. Tinha grandes manchas cor-de-rosa, como a de porcos. Charlie, o mais sortudo, tinha os pêlos curtos. Isso o deixava livre dos cortes de minha mãe e só precisava ser escovado.

No Dia dos Cães, nós os levávamos para passear de carro, não importava para onde. Os cães usavam suas roupinhas combinando em todas as saídas. Afinal, era o dia deles! Meu pai garantia que houvesse ossos suculentos para todos. Para Fi-Fi e Susie, isso era um grande motivo para balançar o rabo. Charlie, que viveu até os onze anos, comia absolutamente qualquer coisa. Ele sempre carregava seu osso e tentava enterrá-lo perto do homem de neve, mas o solo estava sempre, claro, congelado.

Em alguns anos, as crianças da vizinhança apareciam com seus cães no nosso Dia dos Cães. Gostávamos de caminhar por vários quilômetros ao redor do lago, deslizando o tempo todo. Os cães tentavam correr sobre o gelo, mas suas patas geralmente não cooperavam. Às vezes, tirávamos fotos em preto-e-branco de nossas brincadeiras. Voltávamos desses passeios exaustos e carregando sacos de pinhas, pedras estranhas e qualquer outro item interessante que tivéssemos encontrado pelo caminho e que não estivesse grudado no chão.

Susie e Fi-fi

Nossa família sempre consistiu em três pessoas e três cães. Com o tempo, quando os membros caninos da família mudavam, adicionávamos algumas inovações na celebração anual. Um ano, todos os cães ganharam novas coleiras. No outro, recebiam brinquedos vermelhos que jogávamos na neve. Todos os brinquedos foram perdidos naquele ano. Provavelmente não ficamos parados muito tempo em um só lugar para procurá-los, também.

Ninguém na nossa família se lembrava quem teve a idéia do Dia dos Cães, mas parecia que sempre havíamos celebrado esse dia. Era nossa forma de relaxar e garantir que todo cachorro tivesse seu dia especial.

Meditação

Você gostaria de organizar um Dia do Cão no seu bairro ou na sua família? Que coisas especiais humanos e cães poderiam aproveitar juntos nesse dia?

Taylor nos ensina a brincar

Allen Anderson
Minneapolis, Minnesota

Minha esposa, Linda, e eu temos vidas muito ocupadas e estressantes. Trabalhamos muito, viajamos sempre e passamos todo o tempo fora do horário de trabalho normal fazendo projetos para a nossa Rede de Animais Anjos. Às vezes, brincadeiras não se encaixam em nosso estilo de vida.

Um dia, em junho, Linda tinha voltado a Minneapolis vinda da Califórnia depois de visitar um cliente. Como temos quatro animais, tentamos organizar nossa agenda para que um dos dois sempre esteja em casa. Às vezes isso significa que a chegada de Linda é a minha partida. Assim, foi ótimo que nessa tarde de verão poder pegar minha esposa no aeroporto e ter alguns dias para ficarmos juntos.

No caminho para casa, comecei a conversar sobre o cliente de Linda e como tinha sido difícil conseguir fazer em cinco dias o que deveria ter levado duas semanas. Também discutimos minhas últimas viagens de negócios, as próximas e o prazo final do nosso segundo livro, que se aproximava. Em apenas uma hora, conseguimos nos sentir esgotados por tudo que teríamos de fazer.

Em casa, nossa família animal nos recebeu alegremente. Taylor, nossa labrador amarela, balançava o rabo com força, batendo-o na parede. Como se soubesse do que estávamos precisando, ela correu para o meu escritório e encontrou a bola de tênis que sempre usava para brincar. Olhamos para Taylor com a bola na boca, depois um para o outro. Linda disse:

— Vamos descansar antes de voltar ao trabalho. Por que não damos uma volta no lago e comer um creme gelado da Adele's?

São palavras mágicas — creme gelado da Adele's. Adele's é um lugar clássico em Minnesota, que serve um dos nossos doces favoritos — e da Taylor também.

Saímos com Taylor no banco de trás do carro em direção a Adele's e ao lago Minnetonka. Sentindo que algo divertido estava para acontecer, a cadela latiu o caminho inteiro. Ela ia de um lado para o outro do banco, prevendo o lado para o qual iríamos virar. Ficamos tão encantados com o prazer de Taylor que nos esquecemos de conversar sobre as coisas que tínhamos que fazer. Junto com nossa cadela brincalhona e despreocupada, ficamos imaginando a bola de tênis, o lago, um lugar para correr e, é claro, o bolo gelado.

Quando chegamos ao lago, o fim de tarde estava ótimo, com a luz do sol refletindo na superfície da água. Paramos na Adele's e compramos três cremes — dois em copos e um no cone, para Taylor. Ríamos, vendo como ela comia com gosto, espalhando o creme por toda a boca e no tapete do carro. Não ligamos para a bagunça. Era muito bom ver como ela se divertia engolindo a baunilha com sua enorme língua vermelha.

Enquanto andávamos à beira do lago com uma leve brisa gelada, começamos a liberar todos os altos e baixos, as conversas sérias e a ansiedade da semana. Eu jogava a bola de tênis e Taylor subia com cuidado nas rochas escorregadias perto da margem, pulava na água e nadava de volta com ela na boca. Pescar a bola amarela da água é uma brincadeira que Taylor pode fazer uma infinidade de vezes e logo se torna algo mecânico para mim jogar a bola e esperá-la ela voltar.

Taylor

Enquanto esperávamos na margem, nossa conversa voltou ao trabalho e começamos a discutir sobre as tarefas. O que havia se tornado uma saída relaxante estava logo retornando para a agitação das nossas responsabilidades e preocupações. Em pouco tempo, estávamos falando que deveríamos voltar para o carro e ir para casa trabalhar ou nunca terminaríamos o que estávamos fazendo. Parei de jogar a bola e chamei Taylor.

Mas ela não aceitaria nenhuma interrupção. Sem hesitar, Taylor arrancou a bola da minha mão, correu com ela na boca até a beira do lago, girou a cabeça e jogou-a no lago o mais distante que conseguiu. Olhou para nós, como se dissesse: "Isso é o que vocês deveriam fazer".

Nadou atrás da bola, trouxe-a de volta para onde estávamos e a largou nos meus pés. Seus olhos diziam: "Vê? É assim que se diverte. Sua vez".

Havia tanta sinceridade em seu olhar, tentando, do seu jeito canino, nos ensinar como nos divertir, que só conseguimos rir. Novamente, sentimos a tensão desaparecendo. Taylor estava mostrando que a ansiedade que sentíamos era criada por nós mesmos que criávamos. Jogar a bola o mais longe possível era como se estivéssemos nos livrando da dependência que sentíamos do nosso trabalho. As tarefas, como a bola de tênis de Taylor, iriam voltar logo. Enquanto isso, em sua opinião canina, precisávamos aprender a nos divertir!

Ainda bem que temos uma professora como Taylor. Ela é mestre em nos lembrar de que precisamos encontrar equilíbrio na vida — e consegue mostrar como fazer isso.

Meditação

Como é que a tendência em trabalhar demais, um forte sentido de responsabilidade e uma lista interminável de coisas para fazer estão arruinando a aventura e a diversão em sua vida? O que um cão poderia ensiná-lo sobre equilíbrio?

Pergunte à Taylor

Cara Taylor,
Por que minha cadela sorri? Ela sempre está com essa cara feliz como se estivesse ouvindo uma piada secreta. O que pode ser assim tão engraçado?

Sinceramente,
O brinquedo favorito da minha cadela

Caro Brinquedo Favorito,
Sua cadela sorri porque acha que você é a coisa mais engraçada que ela já viu. Você anda só em duas pernas. Quase não ouve o telefone tocar, muito menos o vendedor de sorvete a três quarteirões. Seu nariz é tão quente que você até acha horrível cheirar-o, bem você sabe do que estou falando, de um amigo. Claro que sua cadela dá boas risadas sempre que você está por perto. Além disso, ela acha que você é uma criatura adorável. Você ilumina o mundo dela e faz com que o sorriso não saia de seu rosto.

Com um grande sorriso,
Taylor

Agora que você aprendeu como é bom ser o brinquedo favorito do seu cachorro, vai sentir muita satisfação em entender o papel curativo dos cães. O próximo capítulo mostra alguns dos melhores médicos-cães do planeta.

Capítulo Quatro

Os cães são prescrições divinas para uma saúde melhor?

> *"Quando a doença me forçou a mudar o foco da minha vida para o aqui e o agora, meus animais se transformaram em meus terapeutas físicos, nos consultores de gerenciamento da dor, personal trainers e conselheiros psicológicos. Só ganhei essas coisas porque usei o tempo para fortalecer nossa ligação: diminuir o passo para acompanhá-los, seguir seus instintos e começar, como eles, a ouvir meu coração e expressar a gratidão pelos presentes mais simples".*
>
> Marty Becker, O poder curativo dos bichos.

Cães curam com beijos, rabos balançando e uma visão positiva da vida. Através do olhar amoroso de um cão, as pessoas mostram quem são de verdade, por baixo das preocupações, da dor e das máscaras que mostram ao mundo. Não dá para enganar um cachorro. Eles sabem quando você está triste. Percebem quando você precisa deles. Estão tão ligados a seus companheiros humanos, de acordo com o veterinário Dr. Marty Becker, que conseguem detectar um ataque do coração, um ataque epiléptico ou a queda de açúcar no sangue. Em outubro de 2004, o pesquisador Dr. John Church do Hospital de Amersham, na Inglaterra, publicou um estudo no *British Medical Journal* que usou seis cães de várias raças para detectar câncer na bexiga através da urina de trinta e seis pacientes. Os cães descobriram câncer corretamente em vinte e duas das cinqüenta e quatro vezes. Todos os cães detectaram câncer em um paciente que pensava não ter a doença. Depois de mais testes, os médicos descobriram que o homem tinha um carcinoma no rim direito.

Edward Creagan, um oncologista da Clínica Mayo, afirma que os animais podem ser o ingrediente que falta na recuperação, o fator crucial que ajuda um paciente a se sentir melhor. O Dr. Creagan diz: "Muitas vezes, o animal da família pode motivar um paciente a se esforçar ao máximo para lutar contra uma doença como o câncer. Há cinco anos, comecei a perguntar aos meus pacientes como estavam seus animais e foi impressionante verificar como os sorrisos iluminavam seus rostos. Hoje, sempre anoto o nome dos animais quando preencho um histórico médico".

Os cães ajudam na recuperação de enfermos e dedicam uma atenção especial quando estão debilitados. Os cães também previnem doenças. De acordo com o jornal Science Daily da Universidade A&M do Texas, um estudo com 100 pacientes mostrou que "adultos da Terceira Idade que possuíam cães vão ao médico menos (freqüentemente) do que os que não possuem".

Angel

Nossa experiência pessoal com cães e saúde vem do amor e da atenção de nossa cadela Taylor e de sua adorável predecessora, uma golden retriever chamada Prana. As duas sempre mostraram uma grande preocupação conosco quando estávamos com alguma indisposição; e as duas exigiam que caminhássemos, o que é maravilhoso para o coração.

Também testemunhamos a transformação que um cachorrinho branco trouxe para a vida dos pais de Linda, Gert e Darrell Jackson, quando eles se aposentaram no Texas. A irmã de Linda, Janet, deu a eles de presente uma filhote de poodle miniatura, acertadamente chamada Angel (Anjo). Essa cadela trouxe tantas alegrias para a vida deles! Quando a mãe de Linda teve que ser levada para o hospital em uma ambulância, Angel, que tremia de emoção, escapou do jardim e correu atrás do veículo até que o marido de Janet, Mario, conseguiu agarrá-la e trazê-la de volta para casa. Todo mundo teve que ficar conversando com Angel, dizendo que a mãe de Linda ia voltar, o que felizmente foi verdade, para as patas amorosas da cadela que é companhia constante para essa mulher de oitenta e cinco anos.

Neste capítulo você vai conhecer cães incríveis que possuem diploma de especialistas em saúde das Universidades Caninas de Curas Médicas e Holísticas:

- Haley, a cadela que deu ajuda e esperança a uma adolescente que precisava sobreviver à terapia por radiação.
- Boise, o cão-guia que entrou neste planeta no momento exato para transformar a escuridão em luz.
- Oliver, um shi tzu congelado e abandonado que aqueceu o coração de um homem à beira da morte.
- Joshua B. Dawg, um cão mistura apso e cocker resgatado que se salvou com confiança e paciência.
- Shep, um cão com muita empatia que se conectou com um jovem na UTI em um impressionante ato de devoção.
- Wanda, uma mistura de wolfhound-terrier que deu força à sua companheira humana durante os últimos dias de seu pai.
- E Taylor, que mostra em "Pergunte à Taylor" que há mais cães curadores do que as pessoas imaginam.

Se você não reconheceu as capacidades de cura dos cães, este capítulo irá ajudá-lo a observar o que eles estão fazendo por você no momento, o que já fizeram no passado ou como um cão no futuro poderia ser a prescrição exata para os seus problemas.

Haley, a cadela anjo que me ajudou a enfrentar o câncer

Ashley Phelps
Bend, Oregon

Entrei no desconhecido Centro de Tratamento de Câncer do Oregon. Podia sentir o cheiro familiar de hospital. Os cheiros me tranqüilizavam, porque hospitais e minha casa eram os dois lugares onde passava a maior parte do tempo depois que fiquei doente. Dei mais alguns passos e parei para olhar. Minha mãe, frustrada com minha hesitação, passou por mim e foi até o balcão de atendimento. Logo a segui.

Virei-me e vi uma sala de espera com os supostos pacientes, cheia de pessoas sorrindo felizes. Achei aquilo um pouco estranho, mas me sentei. Minha mãe sentou-se ao meu lado com muitos papéis para preencher. Isso era algo a que já tínhamos nos acostumado. Desde que fui diagnosticada com linfoma de Hodgkin, íamos a consultas quase todos os dias.

A daquele dia era para a terapia por radiação, que eu não conhecia. Uns minutos depois, uma linda golden retriever apareceu. A cadela seguia uma senhora que parecia cuidar dela. Fiquei surpresa, porque nunca tinha visto um cachorro no consultório de um médico! Ela veio direto na minha direção e colocou sua cabeça no meu colo. A mulher pareceu não se importar com isso e ela era bem amistosa, então naturalmente comecei a acariciá-la.

A mulher sentou-se ao meu lado e disse:

— Essa é Haley, a cadela terapêutica aqui da clínica de radiação.

Não respondi, mas balancei a cabeça e continuei a acariciá-la. A mulher foi até uma caixa e pegou uma bola vermelha. Isso na hora chamou a atenção de Haley. Fiquei olhando enquanto ela fazia seus truques e brincava com a bola. Pela primeira vez em quatro meses, sorri. Haley logo perdeu o interesse na brincadeira e me trouxe a bola vermelha de que parecia gostar tanto.

A mulher voltou e sentou-se perto de mim, dizendo:

— Meu nome é Sharen Meyers. Haley parece gostar muito de você. Normalmente ela gosta de pessoas mais novas.

Olhei para a sala e percebi que todos na sala de espera, exceto eu, minha mãe e Sharen, tinham mais de cinqüenta anos. Eu só tinha treze e iria fazer catorze em uma semana.

Nesse momento, a enfermeira chamou meu nome. Ela nos levou para uma pequena sala para esperarmos a médica, uma mulher pequena. Era quase do meu tamanho e eu pesava apenas 45 quilos. Apresentou-se como Dra. Chang. Contou-me que tinha conversado com meus médicos em Portland e ali. O plano era que eu fizesse catorze dias de terapia. Acabaria em 23 de junho de 2004.

Haley

Depois da consulta, despedi-me de Haley e fui para casa descansar. Já havia passado uma semana e meia desde minha última quimioterapia mas eu ainda me sentia fraca.

Nunca gostei muito de cães. Gostava mais de gatos. Mas Haley parecia diferente e me fazia pensar sobre como seria ter um cachorro como companheiro.

Comecei a radiação na quinta-feira seguinte. Fiquei desapontada ao descobrir que Haley só ia ao hospital de segunda, terça e quarta. Queria encontrá-la. Fiz o tratamento e descobri que, ao contrário do que tinha esperado, a radiação me deixava mal, mas muito menos do que a quimioterapia.

Fui muito animada quando chegou a hora da consulta de segunda, apesar de não querer fazer o tratamento. Só queria ver Haley. Na primeira semana me diverti muito com ela, vendo como fazia seus truques e brincando de jogar a bolinha para ela. Ela também gostava de desafios. Se Sharen colocava três copos no chão e um doce embaixo de um deles, Haley conseguia encontrar o copo com o doce. Ela também sabia abrir uma caixa de correio e pegar as cartas ou encontrar bolas escondidas na sala.

Sabia que Haley estava me ajudando na recuperação com sua atitude positiva. Por alguma razão, ela me fazia aceitar o fato de ter câncer e de estar sempre doente. Quando brincava com Haley, não me importava por não ter cabelo ou por ter parado de ir à escola. Quando estava com Haley, não me sentia diferente das outras crianças. Ela me fazia sentir bem recebida e aceita — não tinha problema ser diferente, porque era minha amiga.

Na segunda semana de terapia, Sharen me perguntou se eu gostaria de aprender a treinar Haley e ajudá-la. Respondi:

— Claro!

Assim, durante o resto do meu tratamento, toda segunda, terça e quarta, Sharen me ensinou muitas coisas sobre treinamento de cães. Ela me mostrou como fazer um ruído quando Haley estivesse fazendo o que queríamos e depois premiá-la com um biscoito. Sharen também me ensinou como os cães pensam e que eles estão sempre ligados no que acontece ao redor. Eram coisas que eu não sabia.

Logo fui capaz de ajudar Sharen e Haley na clínica. Toda segunda e quarta, depois de terminado o tratamento, Haley e Sharen faziam qualquer truque que estivéssemos treinando, normalmente desafios. Ganhei a confiança de Haley dando comandos ou brincando com a bola e ensinando-a a fazer uma cesta com a bola de basquete.

No meu último dia de terapia, a médica me deu um certificado de finalização do tratamento de radiação. Todo mundo tinha assinado, inclusive Sharen e Haley, com a impressão de sua pata. Sharen me deu seu cartão e falou para ligar se eu quisesse treinar Haley nas férias. Eu disse que ligaria o mais rápido possível, pois não esperava ter muito que fazer naquelas férias.

Por causa do tempo que passei com Haley e da forma como ela me ajudou a ficar mais feliz, minha atitude melhorou. Fui capaz de voltar para a escola. Até consegui me formar naquele ano. E, no final, estava errada sobre as férias. Fiz muitas coisas. Tantas, para dizer a verdade, que nunca liguei para Sharen. Pensei nisso o tempo todo e queria muito ver as duas. Mas estava adorando minhas férias, visitando familiares e passando o tempo com amigos. Nunca podia fazer essas coisas enquanto estava doente. Adorei voltar a ser uma adolescente.

Quando acabou, voltei para a escola. Sentia-me culpada por não ter visitado Haley, mas tinha uma consulta na clínica de radiação numa sexta-feira. Sabendo que Haley não estaria na sexta, deixaria um recado para contar-lhes sobre minhas férias e que sentia muitas saudades delas.

No dia da consulta, fiquei esperando por minha mãe em casa depois da aula. A consulta era às quatro. Minha mãe estava atrasada e só chegou às 4h30, então ligamos para a clínica e remarcamos. Por sorte, seria na segunda. Fiquei muito animada e não podia esperar para ver Haley.

Finalmente chegou a segunda-feira e minha mãe me pegou na escola. Quando chegamos à porta do hospital, senti algo estranho e não queria entrar. Mas minha animação foi maior do que essa sensação. Entrei, sentei-me e esperei que Haley viesse correndo como tinha feito tantas vezes. Olhei pela sala e percebi que a caixa de Haley não estava lá. Desejei que a tivessem mudado de lugar. No fundo, sabia que algo havia acontecido. Não podia aceitar. Minha mãe estava sentada ao meu lado. Ela perguntou à recepcionista se Haley estava na clínica hoje. Queria tapar meus ouvidos.

A mulher suspirou e disse:

— Uma pena, mas Haley faleceu há uns dois meses. Teve um problema sério na tiróide e estava sendo medicada. Um dia, ela ficou deitada ali perto da porta e não queria se levantar. Sinto muito.

Minha mãe comentou:
– Ah, que triste.

Fiquei sentada ali, aturdida e pensando como isso poderia ter acontecido. Meus olhos se encheram de lágrimas. Lembrei da primeira vez que a tinha visto e como ela havia colocado a cabeça em meu colo. Lembrei-me de todas as vezes que a ajudei com seu trabalho e como ela me deixou feliz nos dias em que eu mal conseguia sair da cama. Tentei não chorar. Mas nesse lugar cheio de lembranças de Haley era insuportável saber que ela tinha morrido. Lembrei-me dela virando a esquina do corredor em que eu estava sentada e colocando um sorriso no rosto de todo mundo.

Quando penso nisso, percebo que Haley era um anjo. Ela ajudou a mim e a muitas outras pessoas a atravessar os momentos mais difíceis das nossas vidas. Nunca vou esquecer.

Meditação

Há um cão para quem você quer expressar sua gratidão por ajudá-lo a se curar e a se recuperar? Se esse cão falecer, você irá honrá-lo de alguma forma com um tributo, um memorial ou até mesmo uma carta em que conte o quanto você aprecia essa bênção?

Mais sobre Haley

Sharen Meyers
Bend, Oregon

Antes de minha linda golden retriever, Haley, encontrar Ashley Phelps, uma adolescente de treze anos, no Centro de Tratamento de Câncer do Oregon, essa cadela já tinha uma história extraordinária. Foi essa história que a trouxe ao lugar e momento certos para trabalhar comigo realizando aquela terapia especial que só um cão conhece.

A viagem de Haley a serviço da vida começou quando ela foi abandonada junto com sua ninhada, com apenas cinco dias, no fundo de um depósito de animais em Cincinnati, Ohio, para ser sacrificada. A organização Circle Tail encontrou Haley e seus filhotes e acabou adotando-os.

Circle Tail é uma organização nacional que, junto com o Programa de Parceria de Animais nas Prisões, treina cães. Os voluntários da Circle Tail vão até depósitos de animais e abrigos para encontrar cães que servem para o treinamento. Esses cães, então, são treinados para trabalhar na ajuda em terapias.

Quando os filhotes de Haley tinham oito semanas, a Circle Tail encontrou lares para todos eles e colocaram Haley no programa. Quando ela entrou no programa de treinamento dentro das prisões, eu trabalhava no Departamento de Assistência e Saúde do Condado de Kendall, que estava iniciando um programa de terapia com cães. As três prisões que participam do programa enviam cães graduados para um lugar que chamam de "fazenda canina". Haley e eu nos encontramos lá e realmente nos conectamos. Acabei adotando-a para trabalhar comigo e passamos um fim de semana nos conhecendo e aprendendo como trabalhar juntas.

Haley passou por mais algum treinamento e ganhou o certificado de cão terapeuta. Era só olhar para ela para saber que era perfeita para isso. Seu rosto transmitia muita emoção. Ela tinha muito amor para dar.

Como sou assistente social, usava o trabalho de Haley para me ajudar com adolescentes com problemas de comportamento e autocontrole. Eles aprendiam como criar relações com Haley através de afirmação positiva, tolerância e outros atributos positivos. Haley funcionava como um espelho perfeito para os adolescentes. Ela mostrava carinho quando eles faziam coisas boas. Se se comportassem mal, ela os ignorava. Esses adolescentes problemáticos aprendiam com o exemplo de Haley. Ela os adorava. Era como se soubesse que sua função era ajudar os jovens. Não prestava muita atenção nos adultos ou idosos.

Recentemente, Haley e eu nos mudamos de Illinois para o Oregon. Foi aí que encontramos Ashley no centro de tratamento contra câncer, onde eu levava Haley para ajudar os pacientes em terapia. Normalmente, na sala de espera da clínica, eu mostrava alguém para que Haley desse atenção. No dia em que Haley e Ashley se encontraram e começaram a ficar amigas, foi a primeira vez que Haley não esperou por um sinal meu. Quando ela viu Ashley na sala de espera, correu e colocou a cabeça em seu colo. E ficou olhando para a garota. Ela não se mexeu, ficou com a cabeça no colo de Ashley por bastante tempo, mantendo os olhos nela.

Haley era tão carinhosa com Ashley, como se quisesse ser uma mãe para a menina, além de uma amiga. Ashley parecia ser muito sensível. Haley também era. As duas se conectaram imediatamente. Haley ficava feliz sempre que via Ashley. A cada visita, Haley sempre ficava perto da garota. Durante todo o tratamento de Ashley, a cadela permaneceu com ela. Depois que a garota ia embora, Haley dormia profundamente.

A cada visita, principalmente depois que Ashley começou a aprender como treiná-la, eu me encantava com as lições que essa cadela estava ensinando à jovem que enfrentava tantos obstáculos. Além da recuperação física, Ashley tinha que ultrapassar os outros obstáculos que a doença havia colocado no seu caminho e retomar sua vida de adolescente. Por exemplo, às vezes Haley não queria pular obstáculos ou não queria pular tão alto. Nunca forcei Haley a pular, respeitando seu desejo de não obedecer a um comando. Nesses momentos, se abaixássemos o obstáculo, Haley pulava. Isso mostrava que ela conhecia suas limitações e entendia que deveria respeitá-las. Por causa da minha atitude tranqüila e de aceitação de que Haley conhecia a si mesmo melhor do que eu, Ashley pode ter aprendido a seguir seu próprio ritmo em relação a quanto podia exigir de si mesma a cada dia.

Haley

Às vezes, quando saíamos para jogar bola, Haley ficava distraída por todos os cheiros. Acho que isso também era bom para Ashley, porque Haley realmente gostava de estar viva, de sair e explorar as novidades.

Haley tinha muita curiosidade sobre tudo, incluindo o que havia nas bolsas, plásticos etc., das pessoas. Acho que o amor pela vida de Haley deu a Ashley a permissão para redescobrir o prazer da vida e voltar a viver. As lições de Haley eram de que é necessário viver ao máximo e aceitar o amor.

Haley teve um problema na hipotireóide, mas os remédios estavam ajudando. Na manhã de sua morte, ela parecia bem depois do nosso passeio e não mostrou nenhum sinal da doença. Aparentemente, ela morreu de um problema no coração. Era como se seu grande e generoso coração tivesse parado de bater.

Quando Allen e Linda Anderson me contataram para dizer que Ashley Phelps tinha enviado a história de Haley, fiquei surpresa. Na clínica, Ashley não falou muito durante todas as suas visitas. Ela era muito tímida. Não esperava que essa quieta garota pudesse se expressar de forma tão eloqüente.

Depois que Allen e Linda me enviaram a história, li para os funcionários no centro de tratamento de câncer. Com lágrimas nos olhos, todos nós apreciamos aqueles minutos ouvindo o tributo de Ashley a Haley, a cadela que a amou tanto e que ajudou tantas pessoas na luta contra o câncer.

Meditação

Quando você se sentiu como se tivesse sido "jogado fora" ou rejeitado? Como a generosidade de Haley poderia inspirá-lo a encontrar a força e a capacidade dentro de si para ajudar os outros e a crescer?

Nota: Como Haley e Ashley criaram uma ligação tão forte, você pode querer conhecer uma organização que se especializa em conectar cães com aqueles cujas vidas são afetadas pelo câncer. Paws for a Cure (Patas para a Cura) é uma organização de caridade na qual famílias, amigos e sobreviventes do câncer andam com seus cães e levantam fundos para ajudar a Fundação Nacional contra o Câncer Infantil. Essa organização é aprovada pelo Instituto Americano de Filantropia e dedica mais de 94% dos gastos na descoberta de curas para crianças com câncer. Para mais informações ou para fazer uma doação, visite www.pawswalk.org ou escreva para a Fundação Nacional contra o Câncer Infantil, P.O. Box 60012, Arcadia, CA, 91066-6012 ou ligue (800) 458-6223.

Um anjo à espera

Sally Rosenthal
Filadélfia, Pensilvânia

Você é mesmo cega? — perguntou o senhor enquanto segurava minha mão, ao mesmo tempo em que Boise descansava seu focinho de labrador no colo do residente da casa de repouso.

Uma alma doce e carinhosa, minha guia era séria no seu trabalho de ajuda na terapia e nunca perdia uma oportunidade de distribuir seu charme.

Minha resposta positiva para a pergunta do homem fez com que ele chorasse, até que o lembrei de que a cadela que ele acariciava tomava conta de mim. Ele apertou ainda mais minha mão mas se acalmou quando percebeu que eu estava certa. Ficamos sentados, conectados, em nossas dificuldades, por Boise, meu anjo que usava com orgulho suas asas, mesmo que estivessem escondidas por um macio casaco de pêlos.

Não me surpreendeu essa conexão com esse senhor, porque no ano e meio que passamos trabalhando como time, Boise tinha se especializado em me conectar com indivíduos bem como o mundo em geral. Não é uma tarefa pequena, admito, mas Boise, como eu percebi, não é uma cadela normal.

A maioria das pessoas que nos vê na rua quando nos dirigimos ao trabalho, vê um cão-guia como Boise como uma fonte de independência, um método alternativo para os cegos poderem se movimentar. Apesar de não contradizer essa percepção, tenho que reconhecer que a independência que Boise me traz, apesar de ser importante, não é a sua contribuição mais valiosa para o meu bem-estar. Com seu comportamento amigável, Boise me levou a pessoas e atividades que eu, isolada pela minha cegueira, poderia não ter encontrado de outra forma.

Perder a visão aos poucos, durante um período de vinte anos, me obrigou a enfrentar diversos desafios, mas o pior deles foi há cinco anos, durante os últimos meses antes de ficar totalmente cega. Naquele difícil inverno, meu pai morreu depois de uma longa batalha contra o câncer no rim e meu marido ficou seriamente ferido em um acidente. Pocus, um dos nossos adoráveis gatos, morreu de repente por causa de uma doença no coração. Ao fiquei totalmente cega durante esse período, pensei que o mundo havia se transformado em um lugar muito sombrio, literal e metaforicamente. Além de perder minha confiança, senti que estava perdendo as conexões com as pessoas e o mundo que estavam do lado de fora da minha casa.

Um cão-guia poderia, supunha, me tornar mais independente e serviria como uma forma de "quebrar o gelo" com as pessoas que tendem a assustar-se com a cegueira. Inscrevi-me no Olhos Guias para Cegos em Nova York e esperei até encontrar um parceiro canino. Quando treinei e comecei a trabalhar com Boise, percebi como minha idéia estava correta. Pessoas desconhecidas nos paravam para admirar Boise e fazer perguntas. Os vendedores em lojas eram mais amáveis, criancinhas ficavam apaixonadas pelo meu guia e Boise se transformou na celebridade canina da igreja que eu freqüentava. A família que criou Boise para a Olhos Guias tornou-se minha amiga. Boise e eu nos transformamos em voluntários e fizemos novos amigos por intermédio de grupos de usuários de cães-guia na inter-

Sally e Boise

net. Na verdade, muitos dos meus amigos da internet nos enviaram bandanas que Boise usa para fazer charme para pacientes, como o senhor com quem sentimos uma sensação de proximidade.

A maioria dos cães-guia cumpre papéis similares ao darem independência, mobilidade e socialização para seus parceiros humanos, mas quando vi a data de nascimento de Boise percebi que ela é um anjo de verdade. Ela nasceu, descobri, em abril, o mesmo mês em que meu inverno sombrio havia se tornado primavera. Eu não sabia, naquele momento, que um filhotinho de pêlo escuro, tinha vindo ao mundo com o propósito de guiar meus passos e meu espírito. Boise, o cão que confortava tão bem meu amigo na casa de repouso, tinha começado a vida na Terra como um anjo em espera. Ela continua a aproveitar todas as chances para me lembrar de como assumiu bem sua missão, através do trabalho como cão-guia e do prazer que ela proporciona a mim e a outros.

Quando saímos da casa de repouso, Boise me cutucou como se quisesse me lembrar que, em todos os nossos piores momentos, os anjos estão sempre por perto, esperando o momento certo para aparecer.

Meditação

Será que um cão anjo nasceu durante um período em que você estava passando por dificuldades? Como esse cão encontrou o caminho até você? Você consegue detectar a mão que guia um cão até você, para curar sua dor física ou depressão?

Como um cão congelado esquentou nossos corações

Marion T. Cochrane
Northport, Nova York

Em uma noite fria e chuvosa durante o inverno de 1991, estava dirigindo até o supermercado quando pisei fundo no freio para evitar bater em algo preto-e-branco que corria em círculos na frente do carro. Saí do carro para ver mais de perto e lá estava ele, no meio do cruzamento, um cachorro tremendo de frio com o pêlo todo coberto de gelo. No mesmo momento que parei, outro motorista se aproximou. Ele pensou que o cão era meu e eu pensei o mesmo. Depois de trocarmos algumas palavras sobre como essa pequena criatura tinha sobrevivido ali na estrada, o outro motorista seguiu seu caminho.

Peguei o cãozinho, enrolei-o no cobertor que tinha no carro e fui até o mercado, para ver se alguém o reconhecia. Ninguém o conhecia.

Como não havia ninguém na rua escura procurando algum animal perdido, decidi levar o cão para casa comigo. Pelo caminho, meu amigo ficava tentando sair do cobertor e subir no meu colo, para lamber meu rosto. Parecia estar muito agradecido por tê-lo salvo.

Junto com meu marido, Tom, dei o nome de Oliver a esse pequeno shih tzu. O cão me lembrava seu homônimo na novela Oliver Twist: o pequeno garoto que ficou órfão e tentava sobreviver em um mundo cruel. Levei-o para visitar o veterinário, Dr. Jonathan Greenfield, no Hospital Veterinário de Syosset, e fiquei aliviada ao descobrir que ele era saudável apesar de tudo. Nós colocamos anúncio na seção "achados e perdidos" de vários jornais da região, mas ninguém ligou. Depois de esperar por duas semanas, decidimos adotá-lo agregando-o definitivamente a nossa família, que já incluía duas golden retriever, Molly e Fagan.

Oliver chegou em casa durante um período especialmente difícil. Tom estava passando por quimioterapia. Nesses dias complicados, o alegre Oliver pulava na cama depois do tratamento de Tom e se acomodava ao lado dele, enquanto Molly e Fagan deitavam uma de cada lado da cama. Com olhos vigilantes, o trio parecia saber instintivamente que sua presença confortava meu marido. Oliver sempre divertia Tom com suas brincadeiras. O cão jogava seus brinquedos para Tom e corria em círculos, feliz, esperando que meu marido jogasse os brinquedos de volta. Oliver acalmava a casa toda. Era muito bom poder vê-lo brincar e manter o espírito positivo quando tudo parecia estar errado.

Oliver era tanto uma alegria como um presente de Deus, mas de curto prazo. Infelizmente, perdi Tom em setembro de 1992 e Oliver começou a piorar depois disso. Sinto em meu coração que Oliver era um anjo, enviado como guia e exemplo de paciência e felicidade. Quando adoeceu, ele se sentava quieto enquanto eu administrava, nervosa, suas injeções, pedindo desculpas o tempo todo. Durante esse período, Oliver nunca se mostrou agressivo para mim. Ele só me olhava com aqueles doces olhos que diziam: "Sei que você está tentando me ajudar". Oliver morreu em dezembro do mesmo ano.

Os anjos estão sempre ao nosso redor e podem ter todos os formatos e tamanhos. Alguns até possuem quatro patas. Agora, tantos anos depois, sei que Tom, Oliver, Molly e Fagan se reencontraram no céu.

Meditação

Quem precisa saber que ele ou ela não foram abandonados? Se você estender uma mão para oferecer ajuda, irá encontrar tesouros escondidos entre as ruínas da vida de alguém em dificuldades?

O abajur da fé de Joshua B. Dawg

Patti Cole
New Bern, Carolina do Norte

Durante os dez anos que fez parte da nossa vida, Joshua B. Dawg provou muitas vezes ser um anjo e um professor, gentil e sábio. Com sua presença amorosa, aprendi a ter fé e a confiar que existe um final perfeito para todas as situações — mesmo quando isso não é evidente no momento. E sempre, mas sempre, Joshua foi um grande amigo.

Resgatei Joshua, uma adorável mistura de lhasa apso com cocker, de um abrigo de animais no último minuto antes de ser sacrificado. Mas na verdade descobri que foi ele quem me resgatou. Foram muitas as vezes em que seu olhar doce e amável ou suas brincadeiras ou a sensação de seu nariz frio e molhado me resgataram do precipício emocional durante momentos difíceis.

Mas, é claro, esse é sempre o jeito dos anjos de quatro patas. Vejam o caso do abajur, por exemplo.

O dia começou como a maioria dos outros 4 de Julho na Carolina do Norte: quente e úmido. Meu marido, Kevin, e eu não passeávamos há algum tempo por causa de problemas financeiros e de trabalho. No começo daquela semana, tinha resolvido que precisávamos relaxar e, coincidentemente, apareceu um panfleto na caixa de cartas no mesmo dia, falando de uma parada e festividades na cidade, incluindo comida e bebida grátis. O evento seria em três dias e aconteceria a poucos quarteirões de casa.

Mostrei o panfleto a Kevin:

— O que você acha?

Ele olhou:

— Parece bom. O preço está ótimo.

Fizemos planos, então, de ir até lá.

Tenho pouca tolerância ao calor. Meu sistema de refrigeração interno, tendo nascido em Michigan, simplesmente não agüenta. Sinto muito calor. Então, quando chegou o 4 de Julho, quente e úmido, com temperatura prevista de 35°, pensei seriamente se deveria ir. Nós conversamos e decidimos manter o passeio para alcançar aquela esquiva noção de "diversão". Pensamos em ir de carro em vez de caminhar a curta distância até o evento. Sou suficientemente esperta para saber quando dizer chega. E se o calor fosse demasiado, poderíamos voltar para casa.

O plano era que Joshua e nossos outros dois cães, Samantha (apelido Pequenina) e Zoey, ficassem em casa no conforto do ar-condicionado. Entramos no carro com tempo suficiente para chegar à parada, que estava marcada para começar às 10h30 da manhã, e encontrar um bom lugar. Como é uma comunidade pequena, não esperávamos uma multidão ou muita dificuldade para estacionar ou encontrar um lugar para assistir à parada.

Como estávamos errados! Quando viramos a esquina no final da rua, vimos o trânsito ao redor da prefeitura. O nó de pedestres e veículos estava deixando louco o pequeno número de policiais da cidade. Havia muita gente na área de estacionamento.

— Deveríamos ter vindo a pé — disse para Kevin.

— Muito calor.

— Bom, mesmo que encontremos um lugar para estacionar, vamos ficar presos aqui por horas.

— É, você tem razão — Kevin ficou esperando uma oportunidade para virar o carro e ir para casa. Momentos depois, estávamos de volta na porta de casa.

Como sempre acontece, comecei a duvidar das minhas decisões. Virei para Kevin e disse:

— Acho que deveríamos ter ficado na parada.

Ele pensou e disse:

- Você é quem decide.

De repente, sem saber por quê, senti uma necessidade de entrar em casa imediatamente. Tinha aprendido a reconhecer aquela voz silenciosa dentro de mim. Nem sempre presto atenção, mas aprendi a reconhecê-la.

— Preciso entrar — disse.

A convicção em minha voz me surpreendeu e assustou Kevin. Saímos do carro e entramos na casa pela porta da frente, como sempre.

E, como sempre, Zoey, nossa mistura de shi tzu com cocker, correu para nos receber. Perto dos calcanhares de Zoey estava Pequenina, correndo para nós como fazem os yorkshires: suas patinhas se moviam tão rápidas como se fossem um borrão. Era minha imaginação ou a saudação deles tinha uma agitação diferente, um pouco de inquietude?

Normalmente, Joshua, dentro da hierarquia canina, era o terceiro a nos receber. Dessa vez, no entanto, Josh não apareceu.

Quando entrei na sala, vi a razão e meu coração quase sai pela boca. Lá, encostado na parede, estava meu maravilhoso e gentil Sr. Dawg enrolado no fio do abajur. O fio tinha se enrolado em seu pescoço e ombro até a pata esquerda da frente. Eu fiquei congelada por um momento enquanto a ficha caía. O olhar de Joshua dizia: "esperava que você voltasse, não estou conseguindo sair dessa sozinho".

Ainda sem respirar, caminhei até Josh, sentei-me no chão perto dele e segurei sua cabeça. Não conseguia soltar o fio. Um lado ainda estava preso na tomada. O outro estava ligado a um abajur pesado de ferro, equilibrando-se precariamente na ponta de uma mesa, diretamente sobre a cabeça de Josh. Por razões desconhecidas — mas que agradeço muito — o abajur ainda não tinha caído.

Enquanto eu estava sentada no chão, segurando a cabeça de Josh com uma mão e abraçando o instável abajur com a outra, Kevin se abaixou para arrancar o fio da tomada. Ele demorou alguns segundos porque estava bem preso. Enquanto Kevin tentava soltar a tomada, Joshua se sentou parado, ainda olhando para nós dois, com calma, amor e autoconhecimento. Kevin finalmente conseguiu soltar o fio.

Depois de termos desenrolado o fio de nosso precioso filho peludo, percebemos que esse incidente poderia ter tido um final diferente — e muito trágico. Como a tomada estava tão presa, ela não se soltaria se Josh tivesse puxado o fio. Se ele tivesse se mexido, o pesado abajur poderia ter caído sobre ele. Se tivesse lutado para se libertar do fio, poderia ter se estrangulado.

Todo mundo naquela sala — uma sala que tinha voltado ao normal — parecia entender que os anjos tinham agido. Quando sentamos no chão, abraçando Josh, Pequenina veio até nós com uma humildade diferente. Zoey passava a pata por nossas pernas e braços demonstrando sua preocupação. A atmosfera da sala era pesada mas cheia de gratidão pela tragédia evitada.

Enquanto Kevin passava a mão pelas costas de Joshua, olhou o cão bem nos olhos e disse:

— Amigo, não sei o que faríamos sem você.

Josh olhou para Kevin e para mim, depois de volta para Kevin. Mesmo não sendo alguém que entende de comunicação com os animais, podia ouvi-lo falando conosco:

Joshua B. Dawg

— Não estava preocupado, mãe e pai. Sabia que vocês voltariam para me ajudar. Tinha fé.

Falei a Kevin o que Josh tinha dito. As lágrimas começaram a brilhar nos olhos do meu marido. Estendi a mão e Josh me lambeu. Eu disse:

— Você sabe, não? Sabe que sua mãe e seu pai nem sempre ouvem suas "vozes interiores".

— Verdade — Josh me dizia. — Mas fico feliz por terem ouvido dessa vez.

Meditação

Houve momentos em que paciência e confiança teriam ajudado você? O que teria acontecido se você tivesse ouvido aquela voz interna que fala com você no meio da loucura do dia-a-dia?

A conexão de Shep com Andy

Bina Aitchison Robinson e A. M. Robinson
Swain, Nova York

Bina: no dia 2 de setembro de 1976, fiquei até tarde vendo o debate presidencial na TV. Shep, um collie de tamanho médio que tínhamos adotado ainda filhote de uma família que não o queria, estava deitada ao meu lado. Durante um período, quando o som desapareceu da TV, Shep começou a se mexer como se estivesse agoniado.

Achando que ele poderia ter sido atacado por cãibras abdominais, deixei-o sair, mas ele ficou parado na porta. Trouxe-o de volta para casa e tentei confortá-lo, mas não consegui. Shep corria pela casa, latindo e ganindo tão alto que acordou minha filha, Janet. Ela me ouviu conversando com o cachorro, mas não se levantou. Uns vinte minutos depois, o telefone tocou. Era uma enfermeira ligando da emergência de um hospital de uma cidade próxima. Ela disse que nosso filho, Andy, tinha se ferido em um acidente de carro.

Eu me esqueci do pobre Shep enquanto acordava meu marido. Saímos para o hospital, onde só ficamos olhando sem poder fazer nada enquanto Andy lutava, com um tubo na traquéia, para restaurar as vias respiratórias que tinham sido bloqueadas por causa de uma lesão na cabeça. Mais tarde, na mesma noite, seguimos a ambulância para um centro médico maior que estava a uma hora e meia de distância. Ficamos lá a noite toda, enquanto a equipe continuava tentando salvar a vida de nosso filho.

Passamos dois dias no hospital, que ficava a mais de 100 quilômetros de casa. Nossos vizinhos iam até nossa casa todo dia; eles e nossos outros filhos cuidaram de Shep.

Durante toda a semana em que Andy ficou no hospital, nossos outros filhos contaram que só quando Andy começou a se recuperar Shep passou a ficar mais relaxado. Um dia, quando voltamos para casa, percebemos que o rosto de Shep ainda parecia preocupado, mas ele não demonstrava mais pânico e não parecia sentir nenhuma dor.

ANDY: Shep e eu sempre fomos muito próximos. Costumávamos dar longos passeios em um lugar perto de nossa casa chamado Rattlesnake Hill. Uma vez, Shep correu na minha frente e eu não conseguia encontrá-lo. Peguei seu brinquedo favorito e caminhei por toda a trilha, fazendo barulho com o brinquedo para que ele pudesse ouvi-lo. Quando começou a escurecer, continuei procurando. Finalmente, Shep saiu do meio da mata com um olhar de gratidão. Sabia que ele tinha ficado com medo por estar perdido. Mas naquele momento também sabia que éramos inseparáveis. É por isso que não fiquei surpreso quando meus pais contaram como ele havia se retorcido de dor no momento em que sofri o acidente de carro.

Shep

Depois do meu acidente, queria ajudar Shep a se acalmar, por isso pedi que um lenço de papel fosse colocado embaixo do meu braço enquanto estava na UTI. Meus pais levaram o lenço para casa com meu cheiro.

BINA: Assim que levei o lenço com o cheiro de Andy para Shep, ele o agarrou e levou para o andar de cima. Minhas filhas disseram que Shep dormiu sobre o lenço todas as noites, até a volta de Andy.

Quando nosso filho teve seu primeiro momento de consciência, pedimos para ele pensar em Shep e enviar ao cão uma mensagem telepática de que ia ficar tudo bem. Foi difícil para Andy fazer isso. Ele ainda estava cheio de fios na UTI. Mas Shep aparentemente recebeu a mensagem de Andy, porque, quando voltamos para casa, ele tinha parado de correr para cima e para baixo.

Mais tarde, Andy contou a nossa filha Jeannie que, nos momentos de consciência, ele conseguia ver Shep em casa, esperando.

ANDY: No dia em que voltei para casa, Shep estava esperando no jardim. Quando nos viu, correu até o carro e uivava de alegria. Latia sem parar. Depois, como se quisesse garantir que eu era dele, Shep fez xixi na minha calça!

BINA: Andy abraçou o feliz Shep. O trauma pelo qual haviam passado tinha terminado.

ANDY: Sempre chamei Shep pelo apelido de Stu. Por nenhum motivo especial. Esse nome era uma coisa especial entre nós.

Agora já estou mais velho e tenho um restaurante. Há três anos, alguém me trouxe um cachorro enquanto estava trabalhando. Shep, é claro, já havia morrido naquele momento. Para meu espanto, esse cão era igual a ele, com a mesma expressão nos olhos. Adotei imediatamente esse cão abandonado.

De vez em quando, esqueço que não estou conversando com meu velho amigo Shep e o chamo pelo apelido de Stu. Acho que ainda estamos conectados de uma forma especial e memorável.

Meditação

Quais cães se conectaram com você de forma tão mística? Será que a alma no corpo de um cão poderia retornar através do caminho do amor para mantê-los juntos para sempre?

Wanda, anjo e terapeuta

Deborah Straw
Burlington, Vermont

Como filha única de pais com saúde, nunca vi muitas doenças ou mortes quando era criança. Nossa extensa família é espalhada geograficamente, então nunca vi parentes morrendo, ou algo assim. O avô a quem era mais ligada morreu em um hospital de Vermont enquanto eu estava na Europa.

Pela primeira vez, estou vendo alguém morrer — meu pai, com oitenta e nove anos. Ele teve um enfisema por três anos e está enfraquecendo progressivamente. Com os cuidados em casa, meu pai está se desligando aos poucos — não está comendo, tem morfina injetada direto no músculo e depende de um cateter. Não é mais indecente vê-lo assim; não temos falsa modéstia. As enfermeiras se revezam, dormindo em casa. Meu pai não consegue mais abrir o olho esquerdo e só ocasionalmente abre o direito. Suas rugas de preocupação estão desaparecendo, como as enfermeiras nos dizem que sempre acontece. Ele ainda nos ouve; sabemos por suas expressões, principalmente porque levanta as sobrancelhas sempre que alguém fala com ele.

Durante suas semanas finais, meu pai pôde ficar em casa como queria. Era o que minha mãe queria também e, felizmente, o tratamento era gratuito. Minha mãe sempre prometeu que ele nunca iria para uma casa de repouso e manteve sua promessa.

Só tinha visto nossos cães e gatos morrerem — Misty, Annie, Bauhaus — quando, no veterinário, concordamos em acabar com a dor deles. Assistir a morte de uma pessoa foi algo estressante e comovente. Estou feliz por meu pai estar deixando seu corpo doente; ele está mais relaxado, pode-se dizer, em paz.

Após atravessar essa fase triste, acabei reconsiderando minha idéia do que é um anjo. Quero homenagear aqui nossa filhote, Wanda, a Dama Barbada. Quando meu marido e eu adotamos Wanda em um abrigo rural, pensamos que era uma mistura de labrador com terrier de pêlo curto. Quando ela cresceu, acabou desenvolvendo barba, pernas e pêlos compridos, com muitas manchas de cinza. Agora achamos que ela é uma wolfhound irlandês com terrier. Parece que ela parou de crescer.

Wanda vai a todos os lugares comigo. Eu a chamo de minha cadela terapêutica. Extremamente afetiva, persistente e brincalhona, tem sido meu grande consolo quando fico com meu pai. Agora, nós estamos perto de terminar essa vigília, logo poderemos ir para casa. As enfermeiras deram 24 horas de vida ao meu pai.

O que me consola é que esse cão adora dar beijos e distribuir amor, e isso ajuda muito. Wanda me faz perceber que ainda há motivos para sentir esperança, para sorrir. Durante essa vigília final, Wanda me deu amor e alívio. Ver nosso filhote procurando migalhas embaixo dos armários, rolando sem modéstia de costas ou olhando com paixão os pássaros pela janela são diversões bem-vindas. Em um dos nossos passeios, Wanda encontrou um pinhão enorme e o carregou pela raiz. Ela é tão voltada ao presente e inconsciente.

Meu amor por todas as criaturas veio dos meus pais. Meu pai cresceu em uma granja de vacas leiteiras, onde trabalhava com cavalos de corrida e alimentando os gatos do lugar. Ele e minha mãe sempre tiveram animais de estimação — um coelho chamado Buster, gatos, dois terriers. Meu pai até já cuidou de dois esquilos e, até ficar doente, alimentava passarinhos na mão.

Nos últimos seis anos, meus pais viveram com Franky, um gato dourado com lindos olhos azuis. Geralmente distante, ele se tornou mais atencioso e afetuoso com a piora do meu pai. Nunca gostou de TV e nos últimos meses não conseguia mais ler. Até a semana passada, com seu gato no colo, meu pai ficava observando os pássaros e entabulava pequenas conversações com visitantes.

A última palavra distinguível que meu pai dizia era "gato", um pedido para trazer Franky. Com mãos fortalecidas e uma energia que ninguém sabia de onde vinha, meu pai acariciava o confuso e amedrontado gato.

Infelizmente, ele não conheceu Wanda muito bem. Apesar de ela já morar conosco há nove meses, meu pai passou a maior parte desse tempo muito doente. Por alguns meses, ele conseguiu acariciar o pêlo negro e eriçado dela. Se meu pai quisesse, Wanda teria dormido com ele, mas a cama de hospital era estreita, as barras estavam sempre levantadas e Wanda pesa mais de 20 quilos.

Enquanto estou esperando na casa dos meus pais, Wanda dormiu comigo na cama, algo que ela não faz em casa. Mas preciso de um corpo quente perto de mim. Bruce está em casa, trabalhando normalmente, esperando minha ligação para vir nos buscar. Wanda ficou silenciosa e calma durante minhas freqüentes sonecas e aprendeu a brincar menos; eu não tenho a mesma disposição.

Assim, decidi que Wanda pode na verdade ser um anjo com asas peludas. Ela acalmou meu espírito e trouxe parte do meu lar comigo enquanto estou aqui. Não vejo a hora de ir para casa — talvez seja assim que meu pai se sinta. Ele tem seus pais e nove irmãos e irmãs esperando em algum lugar para estarem todos juntos e, há duas semanas, ele disse para minha mãe que esperaria por ela.

Enquanto estou vigiando meu pai, leio muito. Descobri que não consigo me concentrar muito em um romance. Assim, estou lendo capítulos curtos de dois livros. Um se chama Final Gifts (Presentes Finais), um presente do serviço de saúde para minha mãe. Os estudos sobre pessoas terminais me ajudaram nessa passagem difícil. Eles me garantem que estamos fazendo tudo certo por meu pai. Conseguem me encorajar.

O outro livro também me ajuda muito. É a antologia *Intimate Nature: The Bond between Women and Animals* (Natureza íntima: a ligação entre mulheres e animais). Em um ensaio chamado "First People" (Primeiras pessoas), Linda Hogan, uma escritora americana, nota que os animais "são nossos ajudantes e médicos... Nós pedimos, e às vezes conseguimos, se vivermos bem e com cuidado, seus poderes extraordinários de resistência e clarividência, que incluímos na nossa sabedoria, poderes e dons quando não somos fortes o suficiente para as tarefas que precisamos realizar". Não dá para dizer o que Wanda fez por mim durante esse período de luto e desprendimento. Sei que meu pai teria gostado muito do amor e do senso de humor dessa cadela também.

Um postscript para essa história: Meu pai, Donald Straw, morreu em 1998. Wanda agora tem oito anos, ainda beijoqueira e carinhosa, um pouquinho mais pesada. Ela ainda me fascina com seus extraordinários poderes de resistência e clarividência.

Meditação

Quando foi que um cão o fascinou com "extraordinários poderes de resistência e clarividência"?

Pergunte à Taylor

Cara Taylor,
Cães treinados ajudando pessoas com dificuldades, lambendo lágrimas, detectando doenças - por que vocês possuem esses dons naturais de cura?

Atenciosamente,
Perplexa mas Grata

Cara Perplexa mas Grata,
Será preciso mais tempo para que os humanos entendam todas as formas pelas quais os cães podem ajudar e curar. Somos pacientes, no entanto, principalmente com os pacientes. Entendeu? He, he. Aposto que você não sabia que os cães gostavam de jogo de palavras. Rir faz bem para a alma.
A grande questão, em vez de o que podemos fazer, é por que queremos ajudar? A resposta, é claro, é que fazemos isso por amor!

Sinceramente,
Taylor

Se você é como nós, esse capítulo deu muito que pensar sobre as incríveis capacidades de cura dos cães. Algo que permite que sejam mensageiros divinos que distribuem esperança e ajuda àqueles que precisam, quando precisam.

No próximo capítulo você conhecerá cães que continuam a trazer dons espirituais para pessoas sofrendo que precisavam saber, sem duvidar, que o amor nunca morre.

CAPÍTULO CINCO

Os cães encontraram as portas do Céu?

"Assim, com a ajuda do cão, e com ele como ponto focal da experiência, eu estava recebendo lições primárias incalculáveis na arte cósmica de ver as coisas como elas realmente são — através das névoas e das barreiras que parecem nos separar um dos outros."

J. Allen Boone, *Kinship with All Life*

Reconhecer os papéis espirituais que os cães cumprem na vida dos humanos já é algo que acontece há muito tempo. De acordo com um comunicado da Religion Writers Organization (uma organização americana que reúne jornalistas e escritores que escrevem sobre religião), clérigos luteranos, episcopais, anglicanos, metodistas, da Igreja Unida de Cristo e católicos abençoam os animais na Festa de São Francisco. Membros do clérigo também estão realizando missas em homenagem a cães que faleceram e santificando o solo para ser usado como cemitério para animais. A teologia da origem divina dos animais e a reverência a animais como seres espirituais possuem raízes antigas. O comunicado afirma: "O budismo defende que os animais são seres em diferentes estágios de reencarnação. O hinduísmo e o jainismo defendem o vegetarianismo como uma forma de respeito pela vida. O islã ensina o respeito aos animais como parte da criação de Deus".

Apesar de a bênção aos animais e a participação deles nas missas ter se transformado em algo comum, o dogma religioso ainda entra em choque, muitas vezes de forma emocional, com as experiências de pessoas que acreditam ou sentiram que os animais vivem após a morte. Para ajudar a criar essa ligação, o artista Stephen Huneck construiu uma capela em Saint Johnsbury, no estado de Vermont, na Montanha dos Cães, uma fazenda de 400 acres onde ele, junto com sua esposa, vive com quatro cachorros e um gato. A capela que Huneck construiu recebe visitantes humanos e caninos do mundo todo. Huneck construiu vitrais que celebram os cães que agraciaram sua vida e colocou a estátua de um cão anjo, um labrador negro, no alto do campanário. No Muro da Lembrança, milhares de cartas e fotos de pessoas de luto, lembrando de seus queridos cães que faleceram.

Tivemos o privilégio de receber milhares de cartas, de pessoas que nos contaram sobre os animais com os quais compartilharam a vida. Muitas das experiências são de animais que retornaram de alguma forma para avisar aos humanos que há somente um fino véu que separa a vida da morte. Essas pessoas sabem que tiveram experiências com a alma, que estava dentro do corpo do animal, comunicando-se com eles depois da morte. Algumas dessas histórias estão neste capítulo.

Logo, você vai conhecer cães que deixaram seus companheiros humanos e, nesse caso, alguém que é bom na comunicação com os animais sabe que os cães vão, na verdade, para o Céu e continuam a ajudar e proteger lá de cima.

As histórias neste capítulo incluem:

- Um cocker spaniel chamado Freckles que mantém um militar em alerta enquanto este guarda o avião presidencial.

- Delilah, uma dogue dinamarquesa com um grande coração, que não deixou a Terra antes de dar esperanças a uma paciente terminal de câncer.
- Sheba, um cão separado pelo divórcio que fez uma última visita ao homem de quem sentia muitas saudades.
- A autora e especialista em se comunicar com animais, Amelia Kinkade, que teve um encontro memorável com anjos de quatro patas que mostraram como eles são criaturas angelicais.
- Tobe, um pointer alemão de pêlo curto que visitou os sonhos tanto dos humanos como do cão que ele deixou para trás.
- Typo, o cão resgatado que deixou esse plano terrestre nos braços de Jesus.
- E, é claro, Taylor, que responde às perguntas sobre cães e o Céu na seção "Pergunte à Taylor".

Convidamos todos a lerem as próximas histórias com a mente aberta e o coração terno. Se você permitir, elas irão confortá-lo em sua experiência de perda e dar esperança de que um dia irá se reunir com os cães amados que já faleceram.

Visita noturna

Fred Wickert
Gilboa, Nova York

Durante minha carreira na Força Aérea, fiquei um tempo em Tóquio, Japão. Enquanto estive lá, arranjei uma esposa, um cão e um gato. O cão, um cocker spaniel marrom com várias manchas brancas no nariz, ganhou o nome de Freckles. Demos o nome de Blondie para o gato; ele era amarelo e branco e não tinha rabo. Felizmente, Freckles e Blondie se davam muito bem.

Freckles e eu tínhamos uma relação profunda e permanente. Quando a Força Aérea me enviou de volta para os EUA, não pudemos levar os animais no avião. Tive que enviar Freckles e Blondie em um vôo comercial.

Levei os dois animais até o aeroporto e coloquei-os na mesma casinha. Eles eram tão amigos que eu sabia que ficariam mais felizes e menos assustados no vôo se estivessem juntos. As pessoas no aeroporto ficaram maravilhadas quando viram os dois na casinha, lado a lado. Todo mundo sabe que cães e gatos não se misturam. Mas esses dois eram superamigos.

Depois que retiramos os dois no aeroporto na Califórnia onde chegaram sãos e salvos, eles viajaram conosco de carro pelos Estados Unidos. Esses dois estavam sempre conosco.

Em um momento de minha carreira, fui transferido para a Base Aérea de Andrews, em Maryland, para me juntar às forças de segurança que protegiam a aeronave usada pelo presidente. Freckles e Blondie foram conosco para essa nova missão.

Depois de cinco anos, fui para o Vietnã. Dessa vez, tinha que ir sozinho e deixar Freckles com minha esposa. Blondie havia morrido dois anos antes. Quando voltei para casa, pouco mais de um ano depois, foi ótimo me reencontrar com Freckles. Fui chamado novamente para fazer a segurança presidencial e aí fiquei até me aposentar, assim não foi necessário mudar.

No final do outono do ano seguinte, acordei uma manhã bem cedo. Freckles também acordou e me seguiu até a cozinha, onde preparei e tomei meu café da manhã. Brinquei com ele por alguns minutos e depois ele foi até o armário perto da porta. Lá dentro havia um tapete onde ele gostava de dormir.

Quando estava pronto para sair, fui pegar meu casaco e meu chapéu no armário. Abaixei-me para fazer um carinho em Freckles e me despedir. Foi aí que descobri que ele havia morrido ali dentro do armário. Cancelei meus compromissos, construí um bonito caixão e fizemos um enterro decente.

Fiquei arrasado pela morte repentina de Freckles. Ele tinha sido meu companheiro por tantos anos e nós passamos por tantas coisas juntos. Fiquei aturdido e chocado por essa perda inesperada e fui tomado pela tristeza. Minha esposa e eu não tínhamos idéia de que a hora de Freckles estava chegando. Ele estava velho, mas não doente. Um cachorro feliz, tinha mantido sua rotina e não mostrara nenhum sinal de desconforto.

Um ano depois, estava trabalhando no turno da noite, guardando o pequeno avião do presidente. Havia três aeronaves diferentes com o selo presidencial guardadas no mesmo hangar. Uma era um Boeing 707, a aeronave mais conhecida pela imprensa e pelo público e, normalmente, chamado de Air Force One. O termos Air Force One é o código para qualquer

Freckles

nave em que o presidente voe. Só se chama Air Force One quando o presidente está dentro dele. A nave menor no hangar é uma que a maioria das pessoas não conhece, um Jet Star da Lockheed com quatro motores. Esse é o avião de que eu tomava conta naquela noite. Os outros dois aviões eram um C-118 Constellation e um avião menor de quatro hélices, usado em aeroportos pequenos onde a pista não suporta um jato. Um outro Boeing 707 não tinha o selo permanentemente e era usado somente com becape. Sempre que o presidente ia a algum lugar no Boeing 707, o de becape estava por perto. Se, por alguma razão, houvesse um problema, ele poderia mudar para o outro Boeing e não se atrasar. A frota da Casa Branca, naquela época, era de 40 aviões.

Naquela noite, sentei-me numa pequena mesa na frente do avião. Todo mundo que entrava naquela área tinha que se registrar. Naquela hora, eu era o único por ali. Por causa do silêncio no enorme e vazio hangar, e pelo avançado da hora, me senti sonolento e acabei dormindo, sem querer. Nas Forças Armadas, dormir durante a guarda é algo punido com severidade. Se alguém é encontrado dormindo, pode ser levado para a Corte Marcial. Esse tipo de erro pode arruinar uma carreira e até ameaçar sua aposentadoria, não importa quão longa e brilhante ela tenha sido até ali. Faltavam apenas três anos para minha aposentadoria.

De repente, Freckles estava ali, em cima da mesa, lambendo meu rosto. Sua língua e presença me acordaram. Sei que não foi um sonho, porque meu rosto estava molhado com sua saliva. Podia senti-lo. Era real. Ele estava ali!

Bem quando acordei, o superintendente de segurança passou pela porta do outro lado do hangar. Ele ocasionalmente vinha no meio da noite para verificar o guarda de serviço. Freckles tinha acabado de salvar a mim e à minha carreira.

Sim, Freckles tinha morrido há mais de um ano. Mesmo assim, ele ainda estava comigo e permanecia um amigo fiel. Agora sei que existe vida após a morte. E sei que Freckles é meu anjo da guarda.

Meditação

O que o convenceria de que existe vida após a morte? Como você sabe que um anjo canino que já faleceu ainda está com você?

Delilah, minha gigante gentil

Colette Muhlenkamp
Orange, Califórnia

Quando nasceu, minha preciosa Delilah, uma dogue dinamarquesa, já pesava meio quilo. Com esse tamanho inicial, nunca imaginaria o impacto que ela teria em minha vida. Enquanto crescia exponencialmente, ficou logo evidente que minha vida nunca mais seria a mesma.

Quando completou quatro anos e já tinha crescido ao máximo, Delilah pesava consideráveis 60 quilos. Quando eu a levava para passear, nunca ligava para a frase "andar a cavalo" — o comentário que alguns vizinhos faziam. Somente uns poucos sabiam como era gentil aquela gigante que andava entre nós.

Sempre me espantava como as crianças raramente demonstravam medo quando Delilah passava entre elas. Por maior que ela fosse, as crianças sempre pareciam saber que era amiga e companheira. Mesmo crianças bem pequenas vinham atrás de nós, gritando olá e querendo um beijo molhado da minha cadela. Delilah deixava-as felizes e animadas com sua paciência e amizade incondicionais.

Apesar de ser adorada pelas crianças, alguns adultos rapidamente julgavam errado essa grande cadela negra. Alguns notavam seu tamanho e cruzavam a rua para evitá-la. Como eles erravam ao ficarem intimidados por essa cadela com um grande coração generoso, condizente com seu tamanho!

Como enfermeira especializada em oncologia, sempre trocava histórias com meus pacientes no centro de câncer do hospital sobre nossos animais. Mesmo quando os pacientes se sentiam extremamente mal, sempre se levantavam e abriam um sorriso se eu mostrasse fotos da minha cadela. As favoritas eram as fotos de Delilah na banheira ou vestida como uma rena do Papai Noel.

Uma paciente em particular, Jolie, sentia muita saudade de seu cachorro, já que ele estava morando com os pais dela. Jolie sentia prazer e consolo ao conversar sobre os nossos cães, mas se sentia atraída por Delilah. Enquanto o câncer devastava seu jovem corpo, ela só queria conhecer a maravilhosa cadela cujas fotos a faziam sorrir.

Em uma tarde agradável, Delilah e eu andamos os vinte minutos que nos separavam do hospital. Com a permissão do médico, Jolie saiu para o pátio numa cadeira de rodas, ajudada por uma enfermeira, e com seu soro. Todos pensamos que uma visita de Delilah iria alegrá-la. Nunca vou me esquecer como, sem que eu dissesse uma palavra, Delilah parecia saber o propósito dessa vinda. Apesar de vários colegas e familiares ao nosso redor, Delilah atravessou a multidão e foi direto até a convidada de honra. Nem a cadeira de rodas, nem o soro puderam impedir o toque curador da língua de Delilah no rosto de Jolie. O riso emitido naquele dia preencheu nossos corações com a força da perseverança e a esperança de que o amanhã seria melhor. Nos meses seguintes, o rosto de Jolie sempre se iluminava quando recordava os beijos de Delilah.

Um dia, em dezembro de 2003, recebo uma ligação do rapaz que levava Delilah para passear dizendo que a cadela estava se comportando de forma estranha. Corri para casa o mais rápido possível, enfrentando o trânsito da hora do *rush*. Soube, no minuto em que abri a porta e a vi, que Delilah estava morrendo. Às vezes, ser enfermeira não é bom. Delilah sangrou internamente até morrer enquanto esperávamos os paramédicos. Apesar de havermos pensado inicialmente que ela havia morrido de ingestão de veneno para rato, uma autópsia mostrou outra coisa. Ela morreu de trombocitopenia idiopática — uma desordem do sangue.

Enquanto Delilah morria nos meus braços, não reclamou em nenhum momento, apesar de estar sofrendo fortes dores. Deitou sua cabeça em meu colo e me olhou como se quisesse me confortar. Fui abençoada com essa companhia tão especial e, enquanto sua vida acabava, Delilah parecia entender o quanto eu sentiria sua falta. Quando tirávamos uma soneca e ela era meu travesseiro ou meu alarme, nunca experimentei tanto amor como nesses quatro anos e meio que passamos juntas.

Não tive coragem de contar a Jolie sobre a morte de Delilah. Ao mudar para um cargo administrativo, fiz um esforço para evitá-la, mas isso só funcionou por algumas semanas. Quando não pude mais evitar o inevitável, tive que dar as más notícias. Ela chorou como se Delilah fosse sua. Foi muito emocionante. Lá estava ela, à beira da morte com apenas vinte e sete anos, chorando pela perda de um cachorro e não se importando com sua própria situação.

Colette e Delilah

Minha amizade com Delilah não terminou com sua morte. Nas várias semanas seguintes, ela me visitou em meus sonhos. Em um deles, estava comigo em casa. Eu me abaixava para abraçá-la como sempre fazia. Tudo parecia tão real: os sons dos meus carinhos, o vento do seu rabo balançando e o seu peso em cima de mim. Era como se ela ainda estivesse ali comigo. Ela se comunicou comigo, dizendo que estava tudo bem. Esses sonhos eram tão reais que eu acordava me sentindo feliz, só para voltar à realidade de que ela tinha desaparecido, pelo menos fisicamente.

Durante um bom tempo, meu luto por causa da perda de Delilah foi insuportável. Depois de sua morte, fiquei espantada com a quantidade de pessoas que compartilharam essa perda comigo, como se fosse a cadela deles. Agora continuo a me confortar mostrando as fotos de Delilah. Sinto-me melhor quando encontro seus bigodes e pêlos que deveriam ter sido varridos há muito tempo. Seu cheiro ainda está nos brinquedos e panos que eu tento desesperadamente preservar. Na maior parte do tempo, tenho medo de que essas lembranças desapareçam. Mas minha gentil gigante continua a viver em meu coração e no coração daqueles que a conheceram. Nenhum de nós irá se esquecer da minha adorada Delilah.

Meditação

Você já sonhou com visitas de um cão que já passou para o domínio do invisível? Alguns desses sonhos o confortou com a certeza de que o amor de seu cachorro continua a ser uma bênção poderosa em sua vida?

A última visita de Sheba

Howard Weiner
Springhill, Flórida

Antes de me casar com minha atual esposa, Suzan, eu já tinha sido casado com Terri por dois anos. Tivemos uma cadela chamada Sheba, a quem amávamos muito. Apesar de gostar dos dois, Sheba parecia um pouco mais ligada a mim.

Eu adorava aquela cadela e sempre a mimava muito. Qualquer dinheirinho extra que eu tinha era para comprar brinquedos e comida. Seu pêlo negro brilhante mostrava que mimá-la não era algo vão. Ela tinha muita energia e sempre que eu chegava em casa ela pulava em mim e lambia meu rosto para mostrar sua alegria. Brincávamos muito e ela adorava quando eu jogava sua bolinha.

No começo, meu casamento era muito feliz, mas as coisas começaram a dar errado. Quando decidimos nos separar, Sheba parecia sentir minha infelicidade. Ela era maravilhosa e me ajudou muito a enfrentar os dias em que me sentia muito triste com as desavenças com Terri. Sheba sempre sabia quando se aproximar e deitar no meu colo para me dar apoio moral. Durante aquele período de dificuldades, ela ficou por perto e me confortou.

Finalmente, decidimos nos divorciar. Tentamos a separação, mas o divórcio parecia inevitável. Queria levar Sheba comigo, mas só pude alugar uma *kitchenette* que não permitia animais. Tentei encontrar outro apartamento, mas não consegui. No dia em que me mudei, não conseguia nem dizer adeus a Sheba. Era muito triste para mim. As lágrimas rolavam, mas eu as sequei. Um homem crescido não deveria chorar.

Uma noite, depois de seis meses, não consegui dormir direito. Sentia muita saudade de Sheba e culpa por tê-la abandonado. Depois de ficar me virando sem parar, acordei de repente de um sonho. Abri os olhos e vi que Sheba estava me olhando. Fiquei espantado e pensava como ela tinha conseguido encontrar meu apartamento. A visão de Sheba me deixou feliz, como há muito tempo não me sentia. Estiquei minha mão para sentir seu pêlo suave. Era maravilhoso poder acariciá-la de novo, mas num instante ela havia desaparecido. Enquanto voltava a dormir, perguntei-me por que ela não havia ficado comigo. Naquela noite, dormi bem pela primeira vez em meses, porque a presença de Sheba havia me dado paz e tranqüilidade.

Na manhã seguinte, o telefone tocou. Era Terri. Sua voz chorosa me avisou que alguma coisa estava muito errada. Senti um calafrio na nuca. Ela me contou que Sheba tinha sofrido um ataque do coração e morrido instantaneamente. Senti o corpo gelar. Juntando toda minha coragem, perguntei a que horas ela tinha morrido. De alguma maneira, sabia que ela ia dizer 00:30 — a hora exata em que Sheba tinha vindo ao meu apartamento. Sabia, então, que a aparição na noite de sua morte foi uma forma de me dizer que ela não estava brava por eu não ter podido levá-la no dia em que me mudei.

Sheba

Nunca vou esquecer o momento que tive com Sheba quando ela deixou esse mundo. Isso me fez perceber que algum dia estarei com minha Sheba novamente.

Meditação

Como um cão à beira da morte mostrou que tudo estava desculpado, mas que você nunca seria esquecido?

Nossos namorados invisíveis

Amelia Kinkade
Norte de Hollywood, Califórnia

Digamos que você ache que toda essa história de mediunidade animal é besteira, coisa sem sentido. Bem, então é melhor fechar este livro agora, porque minha história é tão incrível, que até mudou meus paradigmas. Em todos meus anos como médium, nunca havia visto algo tão chocante e inusitadamente lindo. Mas se você gosta de aventuras, tire o fone do gancho; ou, melhor ainda, guarde esta história para quando puder arrancar os sapatos, preparar um martini e deixar sua mente viajar para outra galáxia. Vou precisar de toda sua atenção.

Eu lutava para conseguir dormir numa noite de véspera de Natal, atacada por pesadelos terríveis. Os ataques "imaginários" passavam entre mim e minha gatinha, Florabelle, que dormia em sua almofada, perto da minha cabeça. É claro que Flor nem mesmo acordava enquanto eu estava sendo torturada. Os tremores pareciam não acabar. Eu rezava para voltar a dormir, mas tudo recomeçava: tremia, tremia e tremia.

Não tinha motivos para chorar. Nada terrível tinha acontecido comigo. O jorro de lágrimas e as horas de terror noturno não tinham como motivo nada do mundo exterior... ainda. Aqueles que viram o filme *Minority Report* sabem que ser um "precog" nem sempre é divertido. Sou como uma aranha na teia, conectada com toda a criação, e quando a teia se mexe mesmo que seja do outro lado do planeta, sempre sinto as vibrações antes de o desastre acontecer.

Era minha segunda noite de inferno emocional. Fui tomada

pelo terror, assim como na noite seguinte. Estava passando férias adoráveis, então não havia nenhum motivo para essa tristeza inexplicável.

No dia seguinte, o mistério foi explicado. Não vejo televisão e não tinha ouvido sobre o terremoto no Irã que matou mais de 20 mil pessoas e deixou mais de cem mil feridas ou desaparecidas. Quando ouvi a terrível notícia, recebi mais notícias tristes. Beth, a coordenadora dos meus cursos em Memphis, me enviou um *e-mail* falando que uma de suas cadelinhas, Little Girl, tinha morrido de repente na noite de Natal, depois de uma série de ataques. Ahhh... mais tremores.

Little Girl (Garotinha) era o nome certo — não como uma cobra, que eu conheci uma vez, de quase 100 quilos que se chamava Tiny (Pequenina). Little Girl era da raça cão da terra nova e pesava uns 45 quilos. Ela tinha sido minha amiga, por isso a notícia foi trágica para mim. Essa perda se juntou a outra terrível para Beth. Há poucos meses a resplandecente são bernardo de Beth, chamada Amelia Tallulah, tinha ido para o céu, também. Agora, ela tinha que enfrentar outra morte... tão perto uma da outra.

No dia seguinte ao Natal, sentei-me no computador e fechei os olhos. Conectei-me com Little Girl para localizá-la. Vi como ela se reunia com sua melhor amiga, Amelia Tallulah. Sabendo que os espíritos têm missões a cumprir no Outro Lado, perguntei a Little Girl o que ela estava fazendo.

— Cavando — respondeu.

— Cavando? — perguntei.

— Sim — ela disse com urgência na voz antes de voltar ao trabalho.

Depois Amelia se conectou comigo, tempo suficiente para eu acariciar seu rosto lindo:

— Desculpe não ter tempo para conversar agora — ela falou.

— O que vocês estão fazendo que é tão importante? — perguntei.

— Cavando — a resposta foi a mesma. — E estou ajudando as crianças a cruzarem — ela correu de volta para seu posto.

De repente, uma brilhante golden retriever correu em minha direção, seu pêlo era tão dourado como o sol em uma manhã de verão.

— Diga a Vickie que eu também estou aqui — ela pediu. E voltou correndo.

Ela foi substituída por um exuberante foxhound marrom:

— Diga a Linda que eu mandei saudações e que também estou cavando!

— Onde você a conheceu? — perguntei.

— No Novo México. Diga que eu ainda a amo. Desculpe, tenho que ir — ele gritou enquanto corria.

Instantaneamente, uma pequena cadela preto-e-branco apareceu, muito menor que seus companheiros, mas não menos determinada:

— Estou aqui, também! — ela disse.

— Quem era sua mãe? — perguntei.

— Connie — respondeu. — Mande saudações de minha parte. Diga que sua beagle manda um beijo — essa pequenina, capaz de ser pisoteada, falou com tanta autoridade, que parecia estar no comando da tropa.

— Tem certeza de que você é uma beagle? — perguntei.

Siga meu conselho, leitores. Eu não fiz. Sempre ensino aos meus alunos: "não questione a informação que receber! Confie na sua intuição!" Aqui eu estava não só questionando a um cachorro, mas um cachorro FALECIDO! Ela latiu desgostosa. Esperei que fosse me dar uma patada indignada e gritar: "Não está vendo que EU SOU UMA BEAGLE??" Mas ela não fez isso. Tentou ser educada:

— Só diga a Connie que sua beagle está aqui! — disse, exasperada.

Fiquei embaraçada:

— O que vocês estão fazendo? — perguntei.
— Cavando — respondeu.
— Onde é que estou? — perguntei-me, enquanto olhava a fila de cinco anjos de quatro patas cavando lado a lado.

Afastei-me um pouco para obter uma visão panorâmica. Vi mais anjos de quatro patas, cavando com paixão. Depois vi o que estava na frente desse exército de cães. Voei por cima de tudo para ter uma visão de Ariel (de anjo).

— Mas o que...? — sussurrei.

Então...

— Oh, meu Deus!

Estávamos no Irã. Os cães flutuavam no ar atrás de milhares de homens — homens ensangüentados, chorando e desesperados, tão tristes e exaustos que mal conseguiam ficar de pé. Com pás, picaretas e até com as próprias mãos, eles atacavam montanhas de escombros. Cada homem tinha um cão celestial flutuando acima de seu ombro e sussurrando em seu ouvido.

— Cave! — os cães exortavam. — Cave! Cave! Não desista! Continue cavando! — suas pequenas patas espirituais se mexiam febrilmente no ar.

Vi um homem tirar uma criança dos escombros, mas ela estava morta. O cão perto de seu ombro era a Little Girl. Ela canalizou uma onda de luz dourada até o homem arrasado, que andava chorando e quase caiu de joelhos enquanto segurava o corpo da criança nos braços. Depois vi o espírito da criança — triste e desorientada — até que Amelia Tallulah veio ajudá-la e a levou em segurança até a Luz.

Olhei para as fileiras do batalhão de anjos de quatro patas. De repente, vi algo que não havia percebido antes, como se outro véu tivesse sido levantado. Túneis de luz dourada ligavam cada homem a seus espíritos guia, como se os cães canalizassem energia para os homens, enchendo-os de coragem, vitalidade e esperança.

Quando subi para olhar todo o terreno, vi um exército de homens e tropas de cães espirituais espalhados por todas as direções. Era a visão mais impressionante que já tinha presenciado. O horror era indescritível. A extensão da devastação, a profundidade da tragédia e o oceano de dor eram iguais à beleza da cavalaria de Deus. O Céu havia aberto suas portas e enviado à Terra sua equipe de forças especiais — um batalhão de cruzados incansáveis — todos cães — mas cada um cheio de coragem e animação. Nenhum anjo humano poderia ter lidado melhor com essa tragédia.

Não sabia que os animais faziam isso. Não sabia que Deus fazia isso. Estava completamente abismada.

Voltei para meu mundo, sequei minhas lágrimas e digitei as mensagens dos cães para seus antigos companheiros humanos. Tinha a sensação de que Little Girl tinha cruzado naquele exato momento para ajudar nessa causa.

Vickie Schroeder e Connie Zimet são duas das minhas melhores coordenadoras de cursos, mas eu não conhecia as duas cadelas que tinham vindo a saudar. Connie é uma das minhas melhores amigas e nunca tinha mencionado essa beagle, por isso tinha questionado aquela sargento minúscula. Linda Sivertsen é uma das minhas melhores amigas, mas eu não sabia nada dessa cadela que tinha vivido com ela no Novo México.

Vickie me respondeu contando que a golden retriever era Morgan Xanthe, uma das suas primeiras goldens, e que era muito vermelha. Tinha sido uma cadela de resgate, adotada de um casal que tinha se divorciado. Vickie escreveu: "Morgan Xanthe era o amor das nossas vidas. Pude ver que seu amor ia além da morte".

Beth me respondeu para dizer que a paixão de Little Girl por cavar tinha sido treinada no jardim por muitos anos. E eu sabia que Amelia Tallulah tinha sido uma cadela terapêutica quando viva, então não foi surpresa descobrir que ela estava ajudando crianças a fazer a transição para o mundo do espírito. Quando Linda ligou, contei que a foxhound marrom parecia uma ponte entre seus dois cães atuais, Adobe e Digger. Linda disse que Sixdance era a irmã de

Adobe e elas tinham morado juntas no Novo México. Ela acrescentou que Sixdance tinha sido uma "excelente escavadora"!

Mas quando recebi o e-mail de Connie, cai em lágrimas. Era a maior surpresa.

Connie havia passado muitos anos cheios de amor com uma pequena beagle chamada Katie, cujo ar de autoridade contradizia seu tamanho modesto. Connie escreveu para contar que, à primeira vista, ela achou que eu tinha me enganado. Lembrava que Katie era marrom e branca, não branca e preta. Mas quando encontrou fotos antigas de Katie, percebeu que o marrom estava mais para preto, mesmo. Liguei para Connie, rindo e chorando, e me disse:

— Sim, aquela Katie adorava cavar buracos.

Animais não são o que parecem. Nosso mundo não é o que parece. Com as noções cartesianas do século passado sendo negadas, podemos provar que os animais pensam e sentem. Eu os desafio a expandir a consciência ainda mais. A galáxia que Deus criou não é movida pelo acaso. Não é a caixa cruel e mecânica que os cientistas medievais nos fizeram acreditar. Há conforto, ordem e Graça no universo. Os animais são mais mágicos do que qualquer um de nós poderia sonhar. E assim é o seu mundo... e assim é você!

Essa carta de amor está dedicada aos Namorados Invisíveis. Ninguém sabia onde estava a *Sonata em Dó Maior* antes de Mozart a compor ou onde Davi estava escondido antes de Michelangelo libertá-lo de um pedaço de mármore. Onde estava a Terra Média antes de Tolkien tirá-la do Céu? Será que os artistas trabalham sozinhos? Ou estão cercados por querubins divinos que poderiam ter mais do que asas? Talvez suas musas tenham bigodes ou cascos ou rabos peludos ou dentes afiados com tufos de pêlos entre os dedos. Será que alguém trabalha sozinho?

Talvez, só talvez, você tem um anjo em cima do seu ombro também, dando o ímpeto para escrever, pintar, cantar, dançar, criar mais um site, ver mais um paciente, curar uma relação problemática ou até mesmo "cavar" entre os papéis da sua mesa. Feche os olhos e diga "olá" para alguém que ainda ama você, um doce espírito que pode ter deixado o corpo na Terra, mas não deixou a alma.

Esse é para vocês, Little Girl, Amelia T, Morgan, Sixdance e Katie e todos os anjos de quatro patas dos leitores que, mesmo sem que vocês saibam, salvaram vidas no Irã. E também para o meu Arcanjo, a fonte da minha inspiração.

Mr. Jones, não importa onde você está, na Terra ou no Céu, ainda é a luz no meu universo.

Meditação

Quem são os anjos no seu ombro, ajudando a cavar através das suas tragédias e experiências dolorosas, ou que o inspiraram a criar uma vida melhor?

Meu cão e eu compartilhamos um sonho

Julie Olson
San Rafael, Califórnia

Tobe, nosso pointer de pêlo curto, morreu de câncer. Um ataque fez com que ele entrasse em coma. Sabíamos que tínhamos que deixá-lo voltar para Deus. Ficamos gratos por ter tido essa alma compassiva, bem-humorada, gentil e amorosa em nossa família por sete anos, mas a dor de deixá-lo era quase insuportável. Shanti e Tuza, nossas duas cadelinhas que também eram da mesma raça, sentiram muita saudades de Tobe, também.

Durante a triste viagem do consultório veterinário para casa, onde demos adeus para Tobe, fechei meus olhos e descansei. Imediatamente, vi Tobe, com o olho da mente, em um pátio com uma piscina rasa em frente a ele. Estava embaixo de um cobertor e deitado em cima de outro. Parecia em paz, relaxado e até feliz. Um ser que usava uma roupa longa, ao estilo da Grécia antiga, estava por perto, cuidando de Tobe. Instintivamente soube que esse ser amava Tobe até mais do que eu. Até aquele momento, achei que isso era impossível, porque eu o amava muito. A sensação de que ele era cuidado por um guardião espiritual diminuiu minha dor. Como parte dessa cena, vi cinco borboletas amarelas dançando sobre a cabeça de Tobe. Outros animais, que pareciam conhecê-lo e amá-lo, também estavam por perto. Quase tão rápido como começou, a cena desapareceu. Abri meus olhos e contei a meu marido, Paul, o que tinha visto.

Umas semanas mais tarde, em um dia frio, Paul e eu fomos dar uma volta com Shanti e Tuza. Conversamos sobre como sentíamos saudades de Tobe. Rimos lembrando de como ele brincava: entrava em um quarto e saltando, agarrava qualquer coisa que não estivesse presa, convidando-nos a persegui-lo. Ou da forma como tirava o jornal das nossas mãos se o papel nos impedisse de vê-lo sentado, esperando afeto. Colocava sua pata no nosso joelho e ficava ali até que mexêssemos com ele. Exatamente quando estávamos lembrando dessas coisas, uma borboleta amarela, igual às que havia em minha visão depois do falecimento de Tobe, dançava pelo caminho na nossa frente. Sabíamos que ver essa borboleta no inverno era como um beijo enviado do Céu por Tobe.

Depois que ele morreu, trouxemos nossas outras duas cadelas para o quarto, para dormir conosco. Uma noite tive um sonho em que, junto com os três cães, estávamos em um parque com grandes e velhos carvalhos e pequenos morros. Tuza tinha corrido sozinha, cheirando o solo perto de uma pilha de folhas mortas. Numa subida leve, podia ver Tobe com Shanti. Nesse sonho, eu carregava um pequeno aparelho em minhas mãos que me mostrava onde estavam os três cães.

O sonho continuou com Tobe e Shanti brincando juntos. Eles sempre foram bons amigos quando

Tuza, Shanti e Tobe

Tobe estava vivo. De repente, os dois cães correram para mim, com Tobe perseguindo Shanti. Os dois pareciam felizes e livres.

Naquele momento, eram 2h45 da manhã, acordei abruptamente. Meu marido também. Olhamos para onde Shanti estava dormindo. Ela latia da forma mais estranha que já tínhamos ouvido. Seus olhos estavam fechados, mas se moviam, como fazem quando estão sonhando. Seu latido tinha sido alto o suficiente para nos acordar no exato momento em que eu sonhava que Shanti estava correndo com Tobe.

Sei que já foi registrado que pessoas às vezes compartilham sonhos sobre a mesma coisa, ao mesmo tempo. Mas naquela noite tive a forte impressão de que Shanti e eu compartilhamos o mesmo sonho. O sonho de Tobe no céu foi tão vívido que as duas achamos que foi verdade.

Acho que o sonho compartilhado foi um presente de Deus. Através dele, fui capaz de estar com meu precioso Tobe mais uma vez. Senti a continuidade de todo o amor que ele nos deu e o amor que nossa família de cães e humanos retribuiu.

Meditação

Você já viu seu cão sonhando? Já se perguntou sobre a realidade dos sonhos? Um cão poderia mostrar que o mundo dos sonhos é uma porta para o Paraíso?

Typo, o cão que não comete um erro

Sarah Casey Newman
St. Louis, Missouri

Typo[4] foi o bebê que nunca tive. Eu a encontrei perdida ainda filhote e durante o sofrimento pela perda de Oliver, o primeiro cão que tive quando adulta. Oliver, outro cão angelical, passou os últimos três dos seus doze anos de vida, comigo. Ele chegou inesperadamente e se prendeu à minha vida durante uma das piores crises emocionais que já passei. Quando tudo melhorou, Oliver partiu tão de repente como havia chegado, deixando meu coração tão triste que eu tinha certeza de que nenhum outro cachorro poderia me alegrar.

Uns meses depois da morte de Oliver, enquanto fazia trabalho voluntário no abrigo de animais, fiquei hipnotizada por uma filhote abandonada. Foi amor à primeira vista, mas odiei o pensamento de substituir Oliver (como se um anjo de quatro patas que amamos e perdemos pudesse ser substituído). Sabendo que teria de pedir permissão para o resto da minha família antes de pensar em adotar a linda criaturinha, fui para casa.

Meu marido, Buck, e minha enteada, Shannon, foram comigo ao abrigo no dia seguinte. Era quase hora de fechar. Pensando ainda em Oliver, estava meio torcendo para que a filhote já tivesse sido adotada, mas não foi isso que aconteceu. Lá estava ela no canil, como se estivesse nos esperando.

Fomos para a sala com brinquedos e a colocamos no chão. Ela veio direto para mim. Eu a levei até meu marido; ela voltou

---

4. *Typo*, em inglês, significa errata ou erro de digitação.

para mim. Levei-a até Shannon; de volta para mim. Mesmo assim, eu me recusava a aceitá-la. Não tinha certeza se estava pronta para outro cachorro, porque a dor da perda de Oliver ainda persistia. Também me sentia desleal com Oliver ao entregar meu coração a outro cão. Não me ocorreu que ele poderia estar orquestrando um encontro com esse filhote que precisava tanto de um lar.

Levamos de volta essa pequena tentação para seu canil e saímos para discutir a questão. Quando Buck e Shannon ganharam a votação, voltamos para adotar aquela coisinha linda no mesmo momento em que outro casal estava chegando para fazer a mesma coisa. Se tivéssemos esperado mais um minuto, a cadelinha teria ido para casa com eles. Sabia, então, que ela tinha que ser parte da minha vida.

Demos o nome de Typo porque ela parecia um erro, uma mistura de... o quê? yorkie, poodle, lhasa, shi tzu... pode escolher. Ela tinha o pêlo comprido, solto, cor de gesso, orelhas enormes que pareciam asas e o rosto mais angelical que já tinha visto. Pelos próximos catorze anos, Typo permaneceu a meus pés, no meu colo ou ao meu lado. Para mim, ela era sempre perfeita, apesar de ter desenvolvido sopro no coração e problemas no fígado, na velhice. Quando Typo tinha doze anos, sua saúde começou a piorar. Às vezes, ela parecia desmaiar com problemas para respirar, mas se recuperava; meu coração quase parava quando a via nessa situação.

Nessa época minha mãe ficou doente e eu, filha única, peguei Typo e dirigi quase 1.200 quilômetros até a Pensilvânia para cuidar dela. Ficamos lá por nove meses. Durante esse tempo e por quase um ano depois da morte de minha mãe, os sintomas de Typo desapareceram. Sua saúde fraca deixou de ser uma causa constante de preocupações. Em vez disso, Typo se transformou em uma fonte constante de conforto e força para mim.

Só quando nossas vidas voltaram ao normal é que a saúde de Typo começou a dar problemas de novo, dessa vez, muito rapidamente. Pela primeira vez em minha vida, fui forçada a tomar a decisão mais devastadora que alguém que ama e foi amado pelos anjos peludos de Deus precisa fazer. Os veterinários de Typo me explicaram o que seu corpo estava fazendo, como seria doloroso o final de sua vida e como teríamos pouco tempo juntas. Mas foi Typo quem me disse quando era a hora de dizer adeus. Só tive que olhar em seus olhos para ver que não existia mais alegria neles, só um pedido triste e silencioso para libertá-la. Sabia que tinha que fazer aquela ligação fatal.

Na noite em que tomei a decisão de libertar Typo, o veterinário concordou em vir até nossa casa. Estávamos na metade de junho. Shannon estava viajando de férias e meu marido estava fora a negócios. Como tantas outras viagens, essa teria que ser só entre nós duas.

Acendi muitas velas. Coloquei a música mais calma que encontrei. Passei o resto da tarde abraçando minha amada companheira, conversando com ela e rezando. Li histórias sobre o lugar entre o Céu e a Terra onde nossos amados companheiros animais esperam para nos reencontrar, a Ponte do Arco-Íris. Li o livro All God's Creatures Go to Heaven (Todas as criaturas de Deus vão para o Céu), um livro infantil de Amy Nolfo-Wheeler com maravilhosos desenhos de Nancy Noel, sobre os anjinhos que amam e cuidam dos nossos animais enquanto eles esperam por nós no Céu. Tentei me confortar tanto quanto esperava estar confortando Typo com promessas de que iríamos nos reencontrar um dia.

Typo

Determinada a me mostrar forte, não deixar que ela visse a dor que estava sentindo, abracei Typo em meus braços quando o veterinário injetou o fluído fatal. Apertei-a forte e sussurrei palavras de amor e gratidão até que ela parou de respirar e ficou quieta. Fiquei forte até o momento em que o veterinário carregou o pequeno corpo sem vida de Typo embora. E, nesse momento, a dor me acertou em cheio. Cai tão rápida e profundamente em desespero que caí no chão banhada de lágrimas histéricas. Chorando incontrolavelmente por um tempo que parecia eterno. Finalmente gritei para Deus: "Preciso de ajuda e preciso AGORA"!

No mesmo instante, as lágrimas pararam e Typo estava ali. A visão era tão real e clara que senti como se pudesse tocá-la. Igualmente real era o homem barbudo, vestido com uma manta branca que segurava Typo nos braços enquanto ela movia o rabo freneticamente e lambia o rosto dele. Não tive dúvidas que o homem que via era Jesus. Quando ele passou seu braço sobre mim, senti uma paz tão grande como nunca antes. Também experimentei a maior felicidade que já senti, sabendo que Typo não tinha morrido. Tinha simplesmente voltado para casa. Ela estava mais feliz do que poderia imaginar. E agora compartilhava essa felicidade comigo.

Sem saber como, me vi de pé, dançando e rindo, louvando a Deus de forma tão incontrolável como tinha chorado momentos antes. Não podia evitar. Estava transbordando de alegria, com alegria no rosto e no coração.

Seis anos depois, as memórias de Typo e daquele momento místico depois de sua morte continuam a me confortar. A alegria em meu coração nunca mais foi embora. E sei, tão certo como sei o quanto a amei, que Typo, meu anjo peludo de quatro patas, ainda está comigo.

Meditação

Se você fechar os olhos e lembrar o momento da morte de um cão amado, consegue visualizar Jesus, um anjo da guarda ou um mestre espiritual, abraçando e dando as boas-vindas ao mais novo cão do Paraíso?

Pergunte à Taylor

Cara Taylor,
Os cães vão para o Céu? Vamos encontrar nossos companheiros animais novamente e nos reunir com eles? Esses nossos amigos vão se lembrar de nós?

Sinceramente,
Sempre Esperançosa

Cara Esperançosa,
Sim, sim e, mais uma vez, sim. Os cães definitivamente vão para o Paraíso. Seria realmente um Paraíso sem eles? Nosso amor e nossos espíritos nunca morrem, apesar de nossos corpos desaparecerem. Somos tão fiéis a vocês na outra vida como éramos quando caminhávamos pela Terra. Sente-se bem calma, feche os olhos e sinta o toque dos nossos beijos celestiais no seu rosto. Nunca iremos abandoná-los.

Fielmente,
Taylor

Quando nossa golden retriever Prana morreu, choramos por dias. Sentimos muita saudade dela. Era como se a luz e todas as cores tivessem sido apagadas do mundo. Mas fomos abençoados com sonhos. Havia um jardim perto de uma igreja no qual ela adorava correr e explorar quando estava viva. Nesses sonhos, depois de sua morte, víamos que ela era a guardiã de um templo espiritual no Céu. Aparecia para nós em sonho, balançava o rabo e corria para cumprir suas novas tarefas no templo. Seu corpo estava saudável; não era mais atacado pelo câncer nem a fazia sofrer. Ela nos contava que sua vida tinha continuado e que a nossa também deveria.

Quase dois anos depois que Prana morreu, ela apareceu num sonho para Allen, em um oceano, carregando um filhotinho na boca. Ela depositou o filhote nos pés de Allen e olhou para ele como se dissesse: Aqui está sua nova amiguinha. Esse sonho ocorreu antes de irmos a uma fazenda para visitar uma ninhada de labradores dourados. Quando Allen viu o filhote que se tornaria nossa doce companheira Taylor, reconheceu que era a mesma do sonho. Ela deve tê-lo reconhecido também ou, pelo menos, Prana deve tê-la ensinado como deveria nos escolher. Assim como Prana, quando a encontramos anos antes no meio de uma ninhada de filhotes, agora Taylor se aproximou e desamarrou o cadarço de Allen. Ele a levantou, abraçou-a e ela já era nossa a partir daquele momento, pelo menos fisicamente. Espiritualmente, já tinha sido enviada por uma mensagem divina no sonho de Allen na noite anterior, saindo de um oceano de amor.

Prana

Esperamos que tenham apreciado essas reflexões sobre as experiências com os anjos de quatro patas que trazem luz às nossas vidas. Enquanto escrevíamos esse livro, sempre sentimos que eles estavam por perto, ajudando-nos a escolher as palavras e imagens com as quais mostramos o amor deles, as histórias que mostram como eles foram e sempre serão nossos amigos.

185

Colaboradores e fotógrafos

Capítulo Um: Você já sentiu lealdade e amizade de um Cão Mensageiro Divino?

CHARLES PATRICK DUGAN está aposentado. Já foi policial, do Corpo de Marines e treinador em faculdade. É veterano do Vietnã. Formou-se na Universidade Estadual Stephen F. Austin e fez Mestrado em Educação na Universidade Estadual Sul Ross.

DIANA JOHNSON vive em Plano, Texas, com seu marido, Forrest, e cinco filhos — os gêmeos de oito anos, Brianna e Forrest, Taylor de sete anos e os gêmeos de quatro anos, Branden e Lauren. Zeke é membro importante da família. Diana também é líder das Bandeirantes e adora acampar e fazer atividades ao ar livre.

MARY J. YERKES é redatora freelancer na Virgínia. Seu trabalho aparece em revistas, e-zines, antologias e guias devocionais. Para saber mais, visite www.maryyerkes.com.

JAY WILLIAMS adora cães, carros, pizzas e corridas de automóvel. Ele cresceu com cães e se tornou um dos melhores treinadores do Programa Cães na Cela. Depois de cumprir sua pena, Jay planeja voltar a estudar.

FRANK E LEIGH ANN GIBSON vivem na Flórida com seus dois filhos, Dustin e Dylan, além de Hershey, a cadela treinada na prisão.

JILL KELLY, junto com seu marido, Greg, vive na casa de seus sonhos em Alpharetta, Geórgia, com o filho Jack e dois boxers, Emeril e Elle'. Jill é locutora na rádio KICKS 101.5 Morning Show em Atlanta. Mantém um sorriso feliz mesmo tendo que manter os rapazes na linha toda manhã. Antes de ir para Atlanta, ela trabalhou em Augusta, Oklahoma City, Tulsa e Columbia. Jill se formou em 1986 na Universidade Estadual de Oklahoma.

WAYNE AERNI mora à beira do deserto em Sun Lakes, Arizona. Ele e sua esposa, Gloria, vivem com um cachorro e dois gatos. Ele continua a dar longos e silenciosos passeios no deserto.

PAT EISENBERGER mora em Michigan com seu marido, Dale, e suas duas shelties, Casey e Cory. É secretária, toca harpa e faz colchas.

BILL MANN é cantor e compositor. Mora perto de Nashville, Tennessee. Pode ser contatado por e-mail através de yourheartknows@comcast.net e no site: www.wearesoul.com.

Capítulo Dois: E se os heróis tiverem quatro patas e pêlos?

CAROLINE KANE AQUIAR mora com seu marido, Raul, e dois filhos adolescentes, Ricky e Christine. Caroline desenvolve a paixão por escrever enquanto, junto com o marido, são proprietários de um rancho em Ensenada, Baja, México. Apesar de Tequila ter morrido há 10 anos, quando seus convidados perguntam como eles se conheceram, contam a história da cadela que os ajudou a criar e salvar a família. Caroline pode ser contatada pelo e-mail: rcaquiar@telnor.net.

DEL LANGHELD tem 47 anos e é mãe de Chris Herrington. Em 1998, encontrou sua alma-gêmea, Tommy Langheld. Eles se casaram em 3 de setembro de 1999. Del trabalha numa biblioteca em Minden, Louisiana, e Tommy é motorista de caminhão. Em casa, possuem 10 lindos gatos e um corajoso cachorro, Poni.

JEANNE CROUD adora fazer artesanato e estudar genealogia. Ela e sua família vivem em Minnesota. Sua filha, Anj, agora já é uma linda jovem. Anj continua a ter uma ligação misteriosa com animais e pretende ser treinadora de cavalos.

PAM THORSEN é dona de duas pousadas, Thorwood e Rosewood, na cidade histórica de Hastings, Minnesota, com seu marido, Dick. Ela está trabalhando em um livro de restaurações e receitas. Pode ser contatada no site www.thorwoodinn.com.

RICHARD E MARJORIE DOUSE moram em St. Paul, Missesota. Antes de se aposentarem, Richard era pastor presbiteriano e Marjorie era a organista e diretora musical da igreja.

Capítulo três: Você consegue sentir a felicidade num rabo que balança?

BOB SHAW é um escritor premiado com trabalhos publicados em colunas na internet e em jornais. Ele é co-autor de quatro livros nos Estados Unidos e nos Países Baixos.

KATHY BRODERICK é escritora e mora com a família em Chicago, onde esperam a chegada de um novo filhote de schnauzer.

PAMELA JENKINS é gerente da clínica veterinária de seu marido. Ela adora escrever sobre as ligações entre as pessoas e seus bichos.

LYNDRA HEARN ANTONSON dá força para que as pessoas corram atrás de seus sonhos e vivam com alegria através de técnicas de "life coaching" por telefone. Depois de uma vida de buscas, ela recentemente encontrou e se casou com seu amor, Dale. Os dois vivem felizes perto de Minneapolis com seus animais, o cão Presty e o gato Binx. Pode ser contatada através de lyndra@earthlink.net.

MONIQUE MUHLENKAMP é fotógrafa, escritora e publicitária, tendo ganhado vários prêmios. Atualmente gerencia o departamento de publicidade da New World Library. Vive com seu marido, Steve, em um chalé do século XIX no norte da Califórnia.

ELEANOR GARRELL BERGER escreve comentários pessoais para rádios públicas regionais. Já escreveu para publicações sobre cães e foi colunista da Good Dog! Magazine.

ROBERTA BEACH JACOBSON é escritora e vive em uma remota ilha grega. Participa da Associação de Escritores com Gatos e seu trabalhou já apareceu em vinte e duas antologias. www.travelwriters.com/Roberta.

Capítulo Quatro: Os cães são prescrições divinas para uma saúde melhor?

ASHLEY PHELPS mora no Oregon com seus pais, irmão e irmã. Ela foi diagnosticada com linfoma de Hodgkin em 11 de fevereiro de 2004 e agora está em período de remissão, sendo uma corajosa sobrevivente da doença. Ashley está escrevendo seu primeiro livro.

SHAREN MEYERS é assistente social na área do Pacífico com experiência com pacientes doentes mentais, câncer e atendimento caseiro. Ela agora possui uma filhote golden retriever chamada Taylor que está treinando para ser sua parceira terapêutica.

SALLY ROSENTHAL e Boise são voluntários e moram na Filadélfia com o marido de Sally e vários gatos. Sally colabora regularmente com revistas e antologias sobre animais.

MARION T. COCHRANE faz parte da Sociedade Protetora dos Animais de Nova York, ajuda vários abrigos onde mora e é defensora do reino selvagem como um todo. Os golden retrievers Bail e Sedona, os felinos Sami e Olivia, além de CoCo, seu papagaio, vivem com Marion em Northport, Nova York.

PATTI COLE é uma forte defensora do bem-estar dos animais. Mora na Carolina do Norte e é a melhor mãe que qualquer cão poderia ter. O "Abajur da fé" baseia-se num artigo da autora que foi publicado numa edição da revista *laJolie* de 2001. A revista da Virgínia dedica-se a reverenciar todas as formas de vida.

BINA AITCHISON ROBINSON e seu marido, Dave, fundaram o hotel Swain Ski Slopes em 1948. Bina vive numa reserva animal de 750 acres, de que ainda cuida, apesar de octogenária. É ativista dos direitos dos animais há mais de 30 anos. É vegetariana, escritora prolífica e já publicou várias *newsletters* dedicadas aos animais. Ela e Dave têm quatro filhos e sete netos.

ANDY M. ROBINSON mora em Swain, Nova York, com sua esposa, Sonja, e os gêmeos de nove anos, David e Colin, o gato Snickers e o cão Shep, em homenagem ao cão de sua infância. Andy é o dono do restaurante Downhill Drew. Neva mais de 250 centímetros na cidade de Swain e Andy limpa as calçadas de todo mundo.

DEBORAH STRAW é redatora freelancer e professora em Vermont. Seu livro *Why is Cancer Killing our Pets* (Por que o câncer está matando nossos animais?) foi republicado com o título *The Healthy Pet Manual: A Guide to the Prevention and Treatment of Cancer* (Manual de saúde dos animais: Guia para a prevenção e tratamento do câncer).

Capítulo cinco: Os cães encontraram as portas do céu?

FRED WICKERT mora com sua esposa, pássaros e animais em Gilboa, Nova York, perto das montanhas Catskill. Cuida de pessoas com necessidades especiais.

COLETTE MUHLENKAMP é enfermeira especializada em oncologia há oito anos. No seu tempo livre cuida de seu jardim, adora assistir filmes e tirar fotos. Tem uma gata de doze anos chamada Daisy e espera ser abençoada com outro cão.

HOWARD WEINER é escritor com poemas e crônicas publicadas em *Mature Living, The Saturday Evening* Post e *Poetry Press.*

AMELIA KINKADE permitiu a republicação de sua história tirada da "Newsletter da Vida Selvagem de Amelia", fevereiro de 2004. Amelia é autora de *Straight from the Horse's Mouth: How to Talk to Animals and Get Answers* (Direto da boca do cavalo: Como conversar com animais e obter respostas) e *The Language of Miracles* (A linguagem dos milagres). Organiza seminários e ajuda animais em santuários ao redor do mundo. Pode ser contatada através do site www.ameliakinkade.com.

JULIE OLSON é artista plástica e dá aulas na Academy of Art University in San Francisco. Ilustrou os livros *Make the Connection* (Conecte-se), de Bob Greene e Oprah Winfrey, e *Angel Animals: Exploring Our Spiritual Connection with Animals* (Anjos de Quatro Patas: Explorando nossa conexão espiritual com os animais), de Allen e Linda Anderson. Vive com seu marido, Paul, e seus cães, Kojo e Bika, em San Rafael, Califórnia.

SARAH CASEY NEWMAN é redatora de dicas sobre animais no jornal St. Louis Post-Dispatch e cuida de três cães resgatados da raça galgo inglês, um filhote (meio-carlin, meio griffon belga) e quatro gatos.

Fotógrafos adicionais

Exceto as relacionadas abaixo, as fotografias que acompanham cada história desse livro foram tiradas pelos próprios colaboradores ou por Allen e Linda Anderson. (verificar o número das páginas)

Página 12 — Teresa Madak — Marietta, Geórgia
Página 35 — Stan Nelson — Bokeelia, Flórida
Página 93 — Ron Ward — Raleigh, Carolina do Norte
Página 116 — Robin J. Brown — Plattsburgh, Nova York
Página 117 — Michael G. DiNunzio — Plattsburgh, Nova York
Página 134 — Sharen Meyers — Bend, Oregon
Página 141 — Stefanie Johnson — DeKalb, Illinois

Sobre Allen e Linda Anderson

Allen e Linda Anderson são escritores e palestrantes inspiracionais. Eles fundaram a Rede de Anjos de Quatro Patas, dedicada a aumentar o amor e o respeito pela vida através da força das histórias.

Além de *Cães: Anjos de Quatro Patas*, já publicaram juntos *Angels Animals: Exploring Our Spiritual Connection with Animals, God's Messengers: What Animals Teach Us about the Divine, Angel Cats: Divine Messengers of Comfort* e *Ranibows & Bridges: An Aninal Companion Memorial Kit*. O próximo livro nessa série será *Angel Horses: Divine Messengers of Hope*.

Em 2004, Allen e Linda Anderson receberam uma comenda do governador Tim Pawlenty em reconhecimento à contribuição como autores para a economia e o bem-estar de Minnesota.

Allen Anderson é especialista em softwares de computadores, escritor e fotógrafo. Foi citado no livro de Jackie Waldman, *The Courage to Give* (Coragem para Doar). Linda Anderson é dramaturga premiada, além de roteirista e escritora. É a autora de *35 Golden Keys to Who You Are & Why You're Here* (35 Dicas Preciosas sobre quem é você e por que está aqui). Allen e Linda ensinam Redação Criativa no The Loft Literary Center em Minneapolis, onde Linda ganhou o prêmio de melhor professora. Os Andersons vivem com um cão, dois gatos e um papagaio. Eles doam parte do que ganham em seus projetos para abrigos e organizações de proteção de animais.

Visitem o site do casal (www.angelanimals.net) e enviem suas histórias e cartas contando as experiências espirituais com animais para possível publicação. No site ou via e-mail, você também pode assinar a newsletter online gratuita Angel Animals Story of the Week, com uma história inspiradora a cada semana.

Entrem em contato com Allen e Linda Anderson:

Angel Animals Network
P.O. Box 26354
Minneapolis, MN 55426
www.angelanimals.net
angelanimals@angelanimals.net